Manual de iniciación a la carpintería y al torneado de madera

Guía para principiantes 3 en 1 con procesos, consejos, técnicas y proyectos de iniciación

(3 guías en 1)

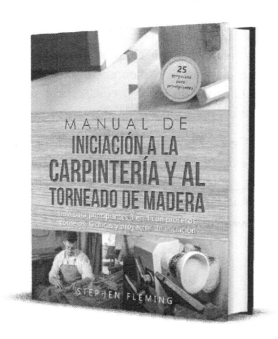

Stephen Fleming

1

MANUAL DE
CARPINTERÍA
PARA PRINCIPIANTES

Una guía paso a paso con herramientas, técnicas, consejos y proyectos iniciales

STEPHEN FLEMING

Manual de carpintería para principiantes

Una guía paso a paso con herramientas, técnicas, consejos y proyectos iniciales

Stephen Fleming

Contenido adicional

Gracias por comprar el libro. También proporcionaremos un folleto adicional que consiste en un planificador mensual y una plantilla de calendario de proyectos para tu primer proyecto.

Contiene información valiosa sobre la carpintería y la marroquinería.

Descarga el folleto en el siguiente enlace.

http://bit.ly/leatherbonus

¡Éxitos!

Tabla de Contenido

PREFACIO

Cuando empecé a trabajar con madera, buscaba desesperadamente una guía sobre los procesos y las herramientas que necesitaría.

El contenido que encontré en Internet era una sobrecarga total de información y no se presentaba de forma secuencial. Los libros que consulté se centraban en unos pocos procesos o daban por sentado que yo ya tenía la información necesaria. Además, muchos de los libros estaban muy desactualizados.

Hay dos formas de aprender; una es preguntar a los expertos en la materia que tienen años de experiencia, y la otra es la de las personas que van unos pasos por delante de ti en tu travesía.

Yo pertenezco a este último grupo. Llevo cinco años en esta afición y sigo aprendiendo de los expertos.

Todavía recuerdo las dudas iniciales que tenía y los consejos que me ayudaron.

Este libro es para aquellos que aún están en su primera vuelta (0-3 años) en la artesanía de la madera y quieren tener una idea global de los procesos y herramientas que necesitan.

He incluido fotografías de proyectos reales para principiantes, y explicaré el proceso y los procedimientos operativos estándar asociados a ellos.

En el último capítulo, el Apéndice, he incluido un glosario de términos de carpintería, así como una lista de recursos en línea disponibles para obtener patrones, consejos y técnicas gratuitas.

Mucho éxito, y empecemos el viaje.

Stephen Fleming

Introducción a la carpintería

Consejos para principiantes

Consejos para empezar

- Crea un esquema sencillo para empezar a trabajar la madera
- Asegúrate de que entiendes cómo tomar medidas con cinta adhesiva
- Asegúrate de que entiendes las medidas y los tipos de madera básicos
- Utiliza sólo tablas de madera rectas para empezar
- Comienza con sólo las herramientas esenciales
- Lija, lija y lija más la madera
- Averigua el contenido de humedad de la madera antes de empezar a trabajar
- Mantén tu taller limpio y bien iluminado
- Manténtus herramientas afiladas

Consejos de seguridad

- Recuerda siempre que la forma segura es la forma correcta
- Infórmate sobre el manejo seguro de las herramientas antes de utilizarlas
- Asegúrate de que todo el equipo de seguridad funciona antes de empezar
- Asegúrate de que el sistema de escape de la herramienta funciona correctamente
- No introduzcas la mano por ningún componente móvil de la máquina
- No hables con otras personas mientras manejas las herramientas
- No fuerces nada en la máquina
- Apaga la herramienta antes de eliminar los bloqueos
- Después de desconectar la máquina, no intentes detener el movimiento de las cuchillas o los bordes con un palo o con la mano
- Reconoce dónde están todos los interruptores de emergencia
- No juegues con las herramientas o equipos, no son juguetes
- Utiliza protección ocular homologada
- Reciba primeros auxilios para cualquier corte o rasguño, por pequeño que sea.

¿Qué es la carpintería? Definiciones

Así pues, analicemos varias definiciones de la carpintería y tratemos de averiguar el alcance del oficio y las diferencias entre terminologías que suenan parecido.

Carpintería

<u>Según Wikipedia:</u>

La carpintería es la actividad o habilidad de fabricar artículos de madera e incluye la ebanistería (armarios y muebles), la talla de madera, ensamblaje y el torneado de madera.

Por lo tanto, de la definición anterior, podemos ver que la carpintería consiste en:

- Ebanistería
- Talla de madera
- Ensamblaje
- Torneado de madera

Analicemos cada uno de estos términos en detalle para comprender los distintos subgéneros de la carpintería.

La ebanistería: Es el arte de fabricar armarios de madera mediante habilidades y herramientas de carpintería.

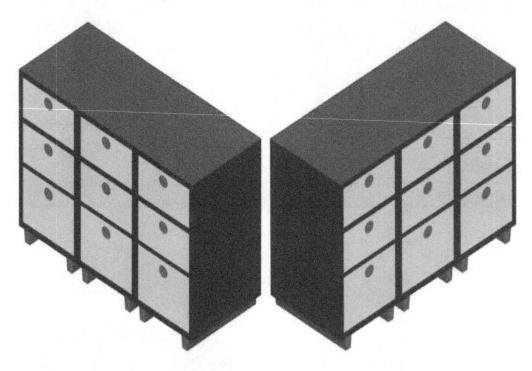

¿Quién es un ebanista?

Quien construye armarios para diversos fines, según las especificaciones de sus clientes, es un ebanista.

Antes de la industrialización, los ebanistas eran responsables de todo el proceso de producción de un mueble, desde su concepción preliminar hasta su forma y color finales.

Carpintero vs. Ebanista

Aunque ambas profesiones tienen que ver con la madera, es el ebanista el que va un paso más allá al concentrarse en los detalles más finos de la madera.

Esta atención al detalle es lo que les distingue de los carpinteros. Los carpinteros se concentran en tareas más sustanciales, como la construcción de grandes marcos, la construcción de una cubierta, etc. Los ebanistas se centran en trabajos más específicos y complicados, como la construcción de piezas de mobiliario y armarios.

Los ebanistas utilizan una amplia gama de herramientas, como una mesa de sierra, una lijadora de tambor y un sistema de extracción de polvo.

También llevan consigo una selección de herramientas manuales como inclinadores de laminado, taladros inalámbricos, grapadoras de superficie y sierras de calar. También se ocupan de adhesivos para madera, clavos, tornillos, tacos y otros pernos.

> **Tallado en madera**: Es una forma de trabajar la madera que consiste en esculpir figuras o piezas decorativas de madera tallando con un cincel y un mazo.

Hay varias maneras de tallarla madera. Algunas de ellas son:

- **Tallado simple**: Este es posiblemente el estilo más antiguo de esculpir en madera, y se realiza sólo con un cuchillo de tallar y un trozo de madera. Cuando la escultura está terminada, se puede ver cada "golpe del cuchillo" en lugar de una superficie lisa o lijada. Algunos talladores, aunque utilizan principalmente una cuchilla para tallar, también utilizan una herramienta en V. Un cuchillo para tallar puede tener un "mango fijo" o ser del estilo de una "navaja suiza plegable". Puedes consultar mi libro, "Manual de Tallado para Principiantes: Guía para principiantes con proyectos fáciles, instrucciones paso a paso y preguntas frecuentes" para obtener información detallada sobre este arte.

- **Tallado enredondo:** Se trata de una forma de tallado que suele producir piezas con una superficie y un aspecto mucho más "real". Una talla redonda puede tener cualquier forma. Puede ser grande o pequeña; puede ser a escala o tener dimensiones reales y también puede ser repintada, deslustrada o dejada al natural. En la talla en relieve y en el tallado en redondo se utiliza un cuchillo, cinceles, gubias, etc.

- **Talla en relieve**: Las tallas en relieve tienen un dorso plano y también están talladas en tres dimensiones. Este diseño se suele utilizar en los expositores. Sin embargo, las tallas pueden ser de cualquier tema y suelen colocarse en las paredes.

- **Astillado**: En este tipo de talla, se utilizan cuchillas para astillar la madera. Este astillado se realiza a dos niveles: la superficie y el punto inferior donde se encuentra el corte. Los dibujos pueden ser muy sueltos y libres o basarse en formas geométricas como triángulos, círculos, líneas, etc.

Esta habilidad requiere especialmente mucha práctica.

Tallado simple y redondo

Tallado en relieve y astillado

Ensamblaje: El ensamblaje es la técnica mediante la cual se unen dos o más piezas de madera. Puede consistir en el simple encolado, clavado o atornillado de dos o más piezas de madera, o puede ser mucho más complejo, con uniones elaboradas. El objetivo principal de la carpintería es mantener la madera firmemente unida. El ensamblaje es una parte vital de la mayor parte de la carpintería y se encuentra en muebles, armarios, ventanas y puertas, revestimientos de suelos y mucho más.

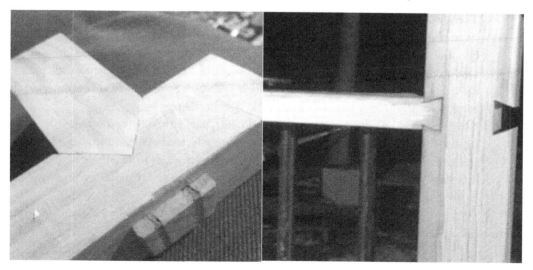

Ejemplos de ensamblaje

Carpintero trabajando

Torneado de madera: En el torneado de madera, se coloca una pieza de madera en un torno, que la hace girarrápidamente. A medida que gira, el carpintero utiliza herramientas como cuchillas para cortar delicadamente la madera torneada y de este modo darle forma o formar un patrón de ranuras. Es razonablemente fácil para los novatos ponerse en marcha y producir productos sencillos, mientras que los carpinteros avanzados pueden crear piezas más detalladas.

El torneado de madera se utiliza normalmente para artículos como patas de sillas y mesas. Estas piezas de madera largas y finas son adecuadas para el torneado, y también son tareas excelentes para los principiantes. Sin embargo, el torneado de madera puede utilizarse para muchas más piezas, como cuencos, jarrones, candelabros, casetas para pájaros, etc.

Torneado de madera

Tipos de carpintería

Es posible que tengas una imagen en tu mente de lo que implica lacarpintería, pero hay varios medios por los que la gente se acerca a este oficio.

Carpintería manual

Lacarpintería con un dispositivo manual ha tenido un enorme resurgimiento en las últimas dos décadas. Los carpinteros hacen uso de herramientas y métodos tradicionales para crear puntos. Se utilizan sierras de mano, cuchillas, rasquetas y cepillos, en lugar de cualquier cosa que se enchufe a la pared.

Empezar esta artesanía es muy económico, pero a medida que tus habilidades mejoren y te acostumbres a esta forma de arte, sin duda descubrirás que un cepillo manual de precisión de 200 dólares es bastante útil.

Los que utilizan herramientas manuales probablemente sientan una mayor conexión con el proceso que cualquier otro tipo de carpintero. Requiere paciencia y tiene un plazo de aprendizaje mucho más largo. Además, es un método más lento de dominar y mucho más silencioso. Sin embargo, la satisfacción individual puede ser enorme.

Carpintería con herramientas eléctricas

Sin duda, creo que la mayoría de los carpinteros de hoy en día utilizan dispositivos eléctricos. Los cursos de formación también están orientados a este tipo de herramientas.

Los dispositivos eléctricos como las sierras de inglete, las sierras de mesa, los taladros y las lijadoras son omnipresentes y también pueden ser un método muy económico para comenzar la labor ahora mismo.

El mayor inconveniente del uso de dispositivos eléctricos es que pueden causar lesiones importantes. Esto no debería impedirte utilizarlos; sin embargo, tienes que ser consciente de la seguridad y de cómo utilizarlos correctamente.

Carpinteríacon herramientas digitales

Las máquinas digitales existen desde hace algún tiempo; sin embargo, se han vuelto más económicas en los últimos años y están atrayendo a un número cada vez mayor de aficionados. El dispositivo principal es la máquina CNC, que realiza cortes de precisión en piezas de madera niveladas utilizando una fresadora. Tendrías que formatear y diseñar todo tu trabajo con un ordenador, y el fabricante se encargará del resto, eliminando la necesidad de otros elementos.

El segundo dispositivo en el que invierten algunos aficionados es una cortadora o grabadora láser. Esta herramienta permite realizar cortes aún más exactos que un CNC, así como producir un hermoso arte.

La desventaja más importante del uso de máquinas electrónicas es su coste. Puedes acabar gastando rápidamente miles de dólares. También tienen sus limitaciones, ya que probablemente seguirás necesitando una sierra de mesa y otros dispositivos eléctricos. Algunas personas sienten que las herramientas digitales les dan menos "conexión" a su carpintería y eliminanel proceso de hacer puntos a mano.

Carpintería especial

Existen dos tipos de trabajos en madera para las personas con una verdadera vena creativa: el torneado de madera y el calado.

El torneado de madera implica el uso de una torreta para desarrollar cuencos, pernos y otros proyectos redondeados. Es como dar forma a la arcilla en un torno de alfarero, sólo que con madera y cuchillas. El único inconveniente real de dedicarse al torneado de madera es que los tornos pueden ser bastante caros.

El calado implica una sierra de marquetería, que es capaz de cortar curvas diminutas y patrones intrincados. Se necesita práctica para desarrollar la habilidad, pero realmente se puede desarrollar un arte espectacular con una sierra de marquetería. A diferencia de una torreta, las sierras de marquetería son relativamente económicas. Son bastante silenciosas y no hacen un gran desorden.

En efecto, puedes encontrar usos para ambas herramientas en una tienda de carpintería estándar. Tal vez quieras hacer las patas de una mesa o añadir unas atractivas volutas a un elegante armario. Sin embargo, en general, no son herramientas que vayas a utilizar tan a menudo.

Carpintería: Escenario actual

Anteriormente, hemos hablado de los tipos comunes de carpinteros.

Muchos artesanos de la madera son estereotipados como profesores irritables que presiden cursos sin interés para alumnos adolescentes que no quieren estar allí, o como el abuelo jubilado que se dedica a hacer trabajos en su garaje y a fabricar de vez en cuando una casita para pájaros.

Afortunadamente, esos estereotipos ya no son válidos. Ahora hay más variedad que nunca en la carpintería, gracias a las comunidades/grupos en línea, así como al menor coste y disponibilidad de las herramientas.

En los últimos diez años, ha habido un aumento masivo de dos grupos de individuos que hacen de la carpintería un pasatiempo. No hace mucho tiempo, las mujeres que trabajaban la madera eran algo muy poco común. Hoy en día, las mujeres carpinteras son habituales. No hay absolutamente nada en la carpintería que no pueda hacer cualquiera.

El segundo pico demográfico masivo se ha producido entre los millennials, individuos de 20 y 30 años. Son los nuevos profesionales o que quieren dedicarse a una afición que les ayude a desconectar y relajarse mientras hacen algo con sus manos.

La madera

Como carpintero principiante, la primera decisión que debes tomar es el tipo de madera que deseas utilizar para un proyecto concreto. Hay muchas opciones y puede resultar muy confuso. Empezaré por lo más básico.

En aras de la simplicidad, me limitaré a hablar de los productos más típicos que se encuentran en la carpintería:

- Maderas duras
- Maderas blandas
- Madera contrachapada
- MDF

Comprender la madera sólo se consigue tras años de trabajo, pero aun así, lo que se expone a continuación te ayudará al menos en tus proyectos iniciales.

Madera maciza

En algunos casos, el término "madera" se refiere simplemente a la madera maciza. La madera se extrae de un árbol, a diferencia de los artículos fabricados y las láminas, como el contrachapado o el MDF.

Hay dos tipos de madera maciza entre los que elegir, las maderas blandas y las maderas duras. Técnicamente, la madera dura es predominantemente la que procede de un árbol caducifolio que tiene hojas, como el roble o el arce.

Además, las maderas duras suelen ser más exigentes físicamente que las blandas. Una divertida excepción sería la Balsa, una extraordinaria madera blanda; sin embargo, como el árbol de la Balsa es de hoja caduca, se considera una madera dura.

La madera blanda es la que procede de las coníferas, que tienen agujas y conos, como las de hoja perenne. Sin embargo, cuando muchos de nosotros hablamos de madera dura, estamos describiendo su solidez física. Cuando hablo de maderas blandas, suelo referirme al pino.

Expansión y contracción de la madera

La madera puede dilatarse o contraerse en función de la estación del año. Durante los meses fríos o húmedos, las tablas absorberán la humedad, lo que hará que se ensanchen. En los meses más secos, se contraerán al eliminar esa humedad. El crecimiento y la contracción son vitales para entender cuando se construye con madera maciza. Para los proyectos pequeños, este movimiento de la madera no es un gran problema; sin embargo, si estás trabajando en un proyecto grande, como un tablero de mesa, sí será importante.

Madera blanda

Cuando vas a una instalación residencial o a un almacén de madera, lo más probable es que la fragancia que detectes sea de pino.

Pino verde

Es una de las maderas más comunes que se pueden comprar y también suele ser la más económica. Las tablas de pino se utilizan en la construcción de casas y en el entramado. Son perfectas para las tareas en las que se piensa pintar; sin embargo, a mucha gente le gusta también el aspecto natural sin pintar.

#	Madera dura	Madera blanda
Durabilidad	Altamente resistente, puede resistir varias décadas	Menos durable
Color	Oscuro	Usualmente clara
Peso	Pesada con una textura rugosa	Liviana con una textura suave
Fibras	Sus fibras están juntas y densas	Menos fibrosa
Fuente	Se obtiene de árboles con hojas caducas	Se obtiene de árboles de hojas perennes

Madera dura

Cuando se piensa en muebles finos y en la carpintería tradicional, es posible imaginar variedades de madera como la caoba, el nogal o el cerezo. Principalmente, la gente compra maderas duras y tipos únicos debido a su patrón de vetas, color o longevidad.

Si quieres desarrollar algo que dure cientos de años, la madera dura es una excelente opción. Además, rara vez se empaña, ya que sería una pérdida de dinero cubrirla con pintura. Suele protegerse con una capa transparente, como barniz, laca o aceite.

Madera blanda y dura

Las maderas duras son excelentes para integrar diferentes estilos utilizando diferentes maderas. El nogal y el arce, por ejemplo, son habituales en los tableros de ajedrez.

El grosor de las maderas duras puede hacer que sean complejas para los dispositivos, y pueden ser un reto para darles forma. Las hojas de sierra de mesa poco afiladas son famosas por dejar marcas en el cerezo y el arce, lo que obliga a lijar mucho.

La mayor desventaja es que las maderas duras pueden ser costosas, especialmente los tipos más exclusivos. Incluso puede ser difícil encontrar madera dura donde vives.

Afortunadamente, hay vendedores de madera dura en línea que ciertamente escogerán las mejores tablas para enviártelas.

Una de las maderas duras más comunes, que además es bastante asequible en Estados Unidos, es el roble. Junto con el arce y el nogal, suele estar disponible en la mayoría de las tiendas relevantes. El roble tiene sus problemas, pero tiene buen aspecto y es una excelente opción para empezar.

Madera contrachapada

El contrachapado es uno de los materiales de construcción más populares y versátiles que se pueden utilizar. Puede ser uno de los más confusos, ya que hay muchos grados con sus designaciones codificadas.

Puedes buscar en Google "grados de madera contrachapada" para leer más sobre este tema. La madera contrachapada varía porque se fabrica de forma artificial. Las finas chapas de madera auténtica se apilan a contrapelo y se pegan entre sí. Este entrecruzamiento es lo que da a la madera contrachapada su resistencia y seguridad.

En general, cuantas más capas, mayor será la calidad. Es mejor el contrachapado que viene lijado fino por ambas caras, y también hay que buscar el que tenga menos espacios a lo largo del borde.

También puedes comprar contrachapado especial de arce, roble, cerezo u otra madera dura. Estos suelen ser más caros.

Para proyectos de tiendas, plantillas o accesorios, no tiene nada de malo ahorrar dinero comprando un contrachapado de menor calidad. Se trata sobre todo de una diferencia visual.

El contrachapado menos caro es áspero y tiene rugosidades, pero puede ser útil para muchos trabajos que no necesitan un producto final bonito, como los artículos del taller.

¿Por qué utilizar madera contrachapada?

La madera contrachapada tiene muchas ventajas frente a la madera maciza. En primer lugar, es razonablemente asequible. Además, la madera contrachapada es muy resistente y estable: no hay que preocuparse por la expansión ni en el encogimiento. No se deforma. Es una opción fantástica para grandes superficies, como un tablero de mesa.

Inconvenientes de la madera contrachapada

El uso de madera contrachapada tiene un par de aspectos negativos. Por un lado, una hoja de contrachapado de 4'x 8'es pesada y difícil de mover y manejar. Sin embargo, muchos centros de servicios domésticos pueden cortarla en trozos más pequeños. Manejar una hoja completa de contrachapado puede ser un reto.

En segundo lugar, aunque la cara del contrachapado tiene un aspecto excelente, los bordes pueden ser una monstruosidad. Puedes cubrirlos con una banda de hierro o hacer tu propia banda lateral de madera maciza. Sin embargo, si te sientes un poco nervioso, acepta ese aspecto y utilízalo como elemento de diseño.

Un gran truco es pasar un poco de cinta adhesiva a lo largo de la línea de corte cuando se reduce a contrapelo. Además, utiliza una cuchilla afilada. Utilizamos cinta adhesiva para evitar que se astillen las piezas al cruzar la veta de la madera contrachapada.

MDF

Por último, quiero hablar brevemente de los tableros de fibra de densidad media, o MDF, que se fabrican prensando fibras de madera en tableros.

No es del gusto de todos, pero es económico y también puede ser muy valioso en algunas tareas. El MDF se utiliza habitualmente en los muebles de madera, como los que se pueden encontrar en Ikea o en otras tiendas. Suele estar laminado o recubierto.

El material en sí es fácil de trabajar, ya que se corta como mantequilla. Es una excelente opción para proyectos pequeños u ornamentales de interior que vayas a pintar. Además, no hay que preocuparse por las astillas.

Inconvenientes del MDF

El MDF puede ser un poco frágil, sobre todo cerca de los bordes, donde puede deshacerse como el cartón si no se tiene cuidado. Las caras son realmente fuertes. Si lo utilizas para bastidores de más de 60 cm de largo, acabarán hundiéndose. También es increíblemente pesado: una hoja de tamaño completo no es fácil de mover.

El MDF puede ser débil en los bordes. Esta división se puede detener simplemente perforando un agujero inicialmente.

Sin embargo, la desventaja más importante del MDF es la fina suciedad que produce al lijarlo. Desde luego, no es algo que quieras respirar: usa un respirador y ten también un mecanismo de recogida de polvo conectado a tus herramientas.

Para empezar, puedes utilizar madera gratis. Craigslist es una fuente fantástica de personas que regalan madera. Asimismo, si no te importa un poco de trabajo adicional, piensa en conseguir madera de palets viejos. He desglosado un montón de palets de roble gratuitos. Sobre todo, diviértete y no dudes en probar algo nuevo.

Herramientas para trabajar la madera

Introducción a las herramientas básicas

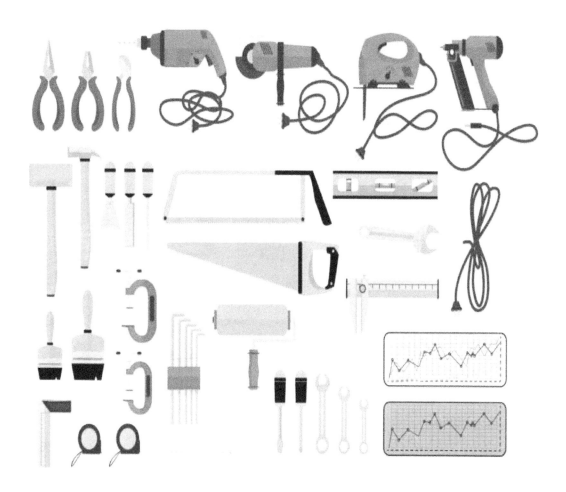

Lista de herramientas esenciales para un principiante:

Herramientas manuales básicas

- **Banco de trabajo**: Un banco de trabajo de madera es la herramienta fundamental del taller de un carpintero. Si tienes un presupuesto muy ajustado, el uso de abrazaderas para asegurar la superficie de trabajo es un excelente sustituto de otras herramientas.

Te recomiendo que construyas un banco de trabajo de madera o que compres uno si no te sientes capaz. Elijas lo que elijas, necesitas un banco de trabajo de madera robusto con al menos tres tableros duraderos, patas de base estables y útiles, y al menos un tornillo de banco fuerte.

Banco de trabajo

- **Cepillos**

Un cepillo carpintero es una herramienta de tamaño intermedio. Si tienes un presupuesto ajustado, puedes utilizar momentáneamente una manual en lugar de otras con funciones más especializadas:

- Retiro de partes rugosas
- Pulir los bordes
- Alisar las tablas

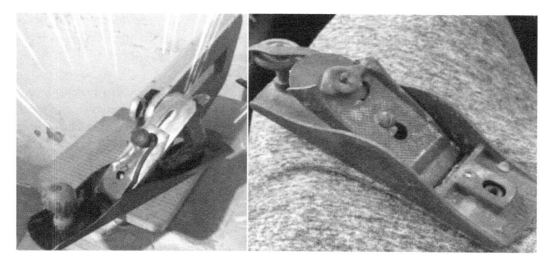

Cepillos carpinteros

- **Cepillo de bloque**: Estos pequeños cepillos se pueden utilizar para recortar las juntas, poner chaflanes en los bordes, recortar las vetas finales, etc. Yo recomendaría un cepillo de bloque de bajo ángulo, ya que el ángulo reducido te permite cortar el grano difícil mucho más rápidamente.
- **Cepillo para rebajar**: Los cepillos para rebajar son los más comunes en la producción de muebles, por lo que un cepillo para rebajar que corte las uniones debe estar en la parte superior de tu lista de compras. Sí, las uniones pueden cortarse sin un cepillo. Sin embargo, es más difícil.

- **Arco sierra**: Esta herramienta económica se utiliza habitualmente para desbastar formas en la tabla, y en particular para eliminar los residuos de las uniones con cola (una de las uniones de madera más comunes). Una sierra de calar económica funcionará bien, junto con un paquete de cuchillas extra económicas.

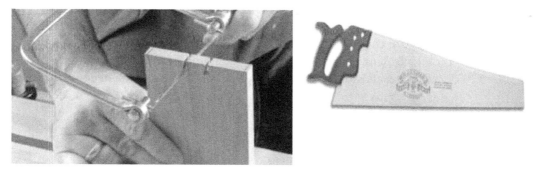

Arco sierra y serrucho

- **Serrucho**: Los serruchos son sierras largas y finas con un cómodo mango de madera. Se utilizan para el dimensionamiento duro de la madera. Aunque un serrucho es técnicamente una sierra de mano más pequeña que encaja en el panel de un armazón de dispositivo, a partir de este punto, me referiré a este tipo de sierra como un serrucho para separarla de la amplia clasificación de sierras de mano: de corte longitudinal y de corte transversal.

- **Caja de ingletesy sierra**: Una excelente caja de ingletes y una ingleteadora (un serrucho de costilla muy grande) permitirán cortar la longitud exacta en los ángulos correctos. Te ahorrarán una gran cantidad de tiempo al intentar cuadrar los acabados de las tablas. La ingleteadora se desliza a través de un marco de sierra rígido.

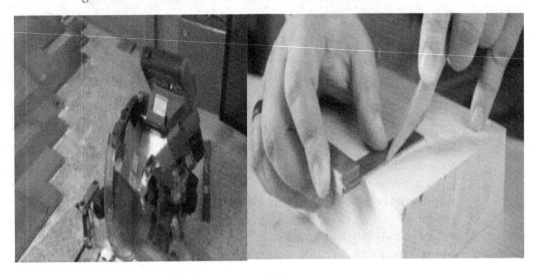

Ingletadora y cuchillo para marcar

- **Cuchillo para marcar**: Se utiliza para marcar el lugar donde se va a cortar con la sierra o el cincel. Para situaciones difíciles (como las uniones de cola de pato) y para hacer líneas muy rectas (lo que es crucial para las uniones ajustadas), necesitas el cuchillo de marcado perfecto.

- **Cincel**: Un cincel es una de las herramientas más comunes con las que te encontrarás. Una colección de cinceles de primera calidad (nuevos o antiguos) te durará varios años (tal vez incluso toda tu vida), y será muy útil en prácticamente todos los proyectos. He utilizado algunos cinceles con mango de plástico asequibles, aunque estoy a favor de los cinceles de mango de madera más ligeros con un acero excepcional.

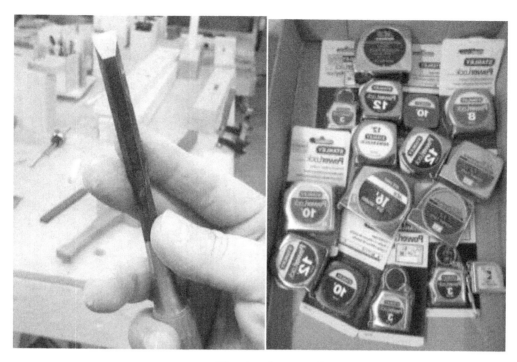

Cincel y cinta métrica

- **Cintamétrica/regla plegable**: Una cinta métrica permite medir las dimensiones al cortar tablas, etc. Si tienes un presupuesto limitado, una pequeña cinta métrica puede utilizarse una y otra vez.

- Guía de reglas: Una regla de metal es excelente para medir, pero puede ser difícil de usar para un trabajo de diseño. El problema es la densidad de la propia regla. Crea un "escalón" entre la superficie y la pieza de trabajo, lo que puede hacer que el desplazamiento de una marca sea poco preciso. En este caso, se puede utilizar un pequeño bloque de madera que facilita el marcado preciso de una línea. Basta con alinear el extremo del bloque con el incremento preferido en la regla. Después, anota la línea, utilizando el bloque como guía de la regla.

- **Calibrador**: Se utiliza para transferir una medida y duplicarla. Un mecanismo de bloqueo impide que el calibre se deslice y que pierdas esa medida. No se pueden crear muebles de forma eficaz sin un calibrador de marcado eficiente y resistente.

Calibrador

- **Escuadra combinada**: Esta escuadra es genial, así como precisa, mide usualmente 6 pulgadas, y se utiliza para un montón de trabajos en mi taller. Trabajos como inspeccionar la cuadratura de las tablas (cuando se planifican hasta la última dimensión), trazar uniones de cola de pato, calibrar la profundidad de las hendiduras, y mucho más.

- **Escuadra carpintera**:Se utiliza para formar piezas de trabajo para juntas de ajuste preciso. Si no estás seguro de construir tu propia escuadra todavía, necesitas comprar una buena escuadra de prueba de acero. Se utilizará para hacer líneas cuadradas alrededor de las tablas así como en los costados y líneas para saberdonde cortar con tu sierra.

Escuadra carpintera y combinada

-   **Escuadra de bisel deslizante**: Se utiliza para trazar ángulos en la pieza de trabajo. Una buena escuadra de bisel deslizante debe tener la capacidad de duplicar un ángulo repetidamente, como cuando se están haciendo colas de pato en la cara de una tabla.

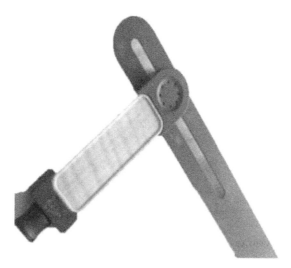

Escuadra de bisel deslizante

Herramientas eléctricas esenciales

A continuación se indican las herramientas eléctricas necesarias para que un principiante pueda iniciar sus proyectos.

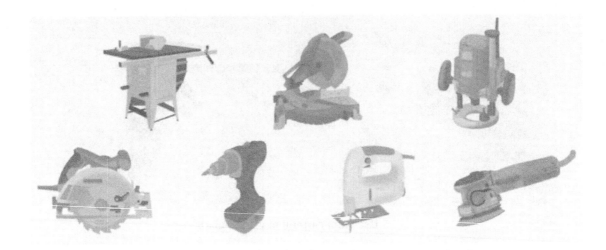

- **Sierra de mesa**: Una sierra de mesa es una sierra circular colocada bajo la superficie de una mesa, con una parte de la hoja que se extiende por encima, donde queda expuesta y puede cortar madera.

- **Ingleteadora**: Esta sierra se utiliza para cortar rápidamente molduras de corona, estructuras de puertas, marcos de ventanas y portarretratos. Las ingleteadoras también pueden realizar cortes rectos para trabajos generales de DIY en madera. Tienes muchas opciones con este tipo de sierra.

Tipos de ingletadoras compuestas

Ingleteadora compuesta - Estas sierras reducen en una variedad de ángulos pero también se inclinan en una dirección (izquierda) para rebajar un bisel. Esto es útil para cuando se quiere cortar en dos ángulos diferentes, como cuando se monta una moldura de corona.

Ingleteadora de doble bisel - Estas se inclinan tanto a la izquierda como a la derecha, por lo que puedes reducir los biseles y cualquier tipo de ángulo sin tener que voltear tu pieza de trabajo.

Ingleteadora compuesta móvil - Estas sierras pueden deslizarse hacia delante y hacia atrás, por lo que son útiles para piezas de madera más grandes.

- **Fresadoras**: Las fresadoras para madera son dispositivos móviles de potencia que se utilizan en prácticamente todas las tareas de carpintería. El uso más básico de una fresadora para madera es cortar agujeros en la madera o "fresar" para obtener una abertura en un elemento de madera, metal o plástico, al tiempo que se generan bordes acabados, recortes, contornos redondeados y también agujeros medidos con precisión.

Se utilizan diferentes brocas para diferentes cortes, como se muestra a continuación:

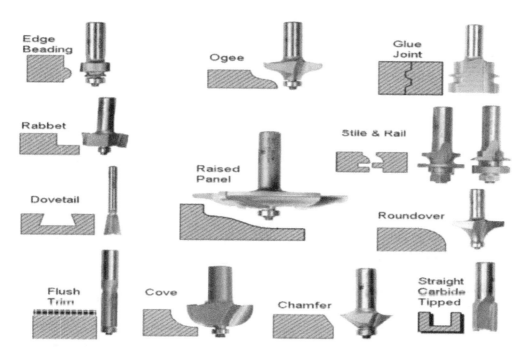

- **Sierra circular**: Algunos la consideran más una herramienta de carpintería que de ebanistería. Cuando se utiliza una regla de sujeción, la sierra circular/redonda puede ser tan precisa como una sierra de mesa y también realizar muchas de las mismas tareas, que consisten en cortar artículos de lámina como madera contrachapada o tableros de fibra de densidad media (MDF). Cuando se trabaja la madera con un presupuesto, una sierra circular de alta calidad debe ser el primer dispositivo eléctrico portátil que se compres.

- **Taladro eléctrico**: Es un motor eléctrico que hace girar una broca reemplazable para hacer agujeros en la madera.

Taladro y sierra eléctrica

- **Sierra de calar**: Es una herramienta eléctrica que se utiliza para cortar líneas curvas en madera u otros materiales. Mientras que la mayoría de las sierras sólo pueden cortar en línea recta, una sierra de calar hace menos complicado cortar patrones intrincados.

- **Lijadora orbital**: Se trata de un dispositivo extremadamente flexible para conseguir un acabado suave y sin arañazos, ya sea para trabajar la madera, el plástico o el metal.

Lijadora

Procesos y técnicas de carpintería

Habilidades de carpintería para principiantes

- **Aprenderlas diferentes características de la madera**: Hay que aprender todo lo posible sobre los distintos tipos de madera que se pueden utilizar para los muebles. Características como la firmeza, el color, la densidad, los usos, las ranuras, la fluctuación debida al contenido de humedad y los patrones de grano.

-**Conocimiento de las herramientas:**Ciertamente, tendrás que aprender a utilizar diferentes dispositivos para trabajar la madera para fresar, lijar, perforar, tallar y terminar, entre otros. Esto incluye herramientas mecánicas como el torno y la sierra de marquetería.

-**Elegir los tornillos adecuados**: Elegir la dimensión, el tamaño, la escala y el tipo de tornillo correctos es esencial en la carpintería. Mientras que los tornillos cortos no mantienen unidas las tablas, los más grandes perforan la madera.

-**Comprender los dispositivos manuales**: Utilizarás herramientas manuales como cepillos de mano, cuchillas, palos, martillos, cuchillos, raspadores y tornillos, por nombrar algunos. Tienes que ser capaz de reconocer cómo utilizar y almacenar estas herramientas correctamente

- **Entender losdiferentes cortes y uniones**: La carpintería incluye la producción de múltiples cortes y uniones, incluyendo la unión de cola de pato, la mortaja, la unión de espiga, la unión de dedo, la unión de galleta y la unión de rebajo, entre otras.

-**Aprendersobre los materiales utilizados para el acabado**: Ninguna tarea de carpintería está completa sin una superficie final. Hay que tener claro los diferentes tipos de materiales de acabado como barnices, decoloraciones, lacas y brillos.

Proceso de trabajo en madera

1. Cortar la madera

El primer paso en el proceso de carpintería es el corte de la madera. Durante esta etapa necesitarás dispositivos como sierras de mesa y la cepilladora de densidad, por nombrar algunos.

Ten en cuenta estas cosas mientras cortas la madera.

- Evitael desperdicio de madera valiosa mientras cortas y deja algo de espacio para la contracción y expansión de la madera.
- Puedes cortar madera con métodos de aserrado medio, cuarto, tangencial o radial.

- Recuerda que cortar madera requiere mucha habilidad y práctica. Intenta practicar todo lo que puedas.

2.Moldeado

Es necesario dar forma a la madera cortada para continuar con el proyecto. Las molduras que desees utilizar dependerá del trabajo específico.

Así, si estás haciendo una puerta, por ejemplo, seguramente necesitarás las siguientes molduras.

- Astragal-Es una tira de sección transversal semicircular.
- Bolección-Es una moldura ornamental sobre o alrededor de un panel de la puerta.
- Lacaja - es el marco que rodea los lados de una puerta.
- Capuchón de goteo- Se trata de una pestaña en forma de L colocado sobre la estructura de la puerta para evitar que el agua entre en el marco de la puerta.
- Panel-Tiene una parte trasera plana y una cara elevada, a menudo con elaborados acabados. Va entre las montantes y travesaños que componen el marco exterior de una puerta.
- Montantes y travesaños - Los montantes son componentes verticales, y los travesaños son horizontales y se ajustan alrededor de un panel de puerta.
- Estructura-Necesitarás varias molduras como la cabeza, las patas o jambas, un umbral o límite, así como la puerta para hacer el marco.

Asegúrate de preparar una lista de las molduras que necesitarás para crear tu mueble antes de empezar.

3.Lijado

Lo siguiente que hay que hacer es lijar. El lijado te ayudará a deshacerte de las marcas de fresado resultantes del uso de diversos dispositivos y fabricantes de madera. También puede ayudarte a eliminar abolladuras o determinaciones, y darle un gran acabado.

Puedes utilizar una lija con el grano ideal que se adapte a la superficie de la madera. Por lo general, se pueden conseguir lijas para madera de grano 80, 100, 120, 150, 180 y 220.

- Generalmente, unalija de grano 80-100 es suficiente para eliminar las marcas de fresado y los rasguños profundos.
- Si vas a teñir un trozo de madera, utiliza una lija de grano 150
- El papel de lija de grano 220 es el mejor para un acabado superficial sin decoloración.

Por el contrario, puedes utilizar una lijadora de órbita aleatoria para un lijado rápido y regular, especialmente para piezas de madera más grandes. Asegúrate de mover la lijadora en la dirección de la veta.

No se pueden utilizar lijadoras de órbita aleatoria para lijar bordes o pequeñas hendiduras o tallas intrincadas. La lija es mejor para esto.

4.Manchado y teñido

Ambas técnicas aumentan el atractivo visual de la madera. Sin embargo, producen efectos diferentes.

- **Manchado**

Los tintes para madera se componen de un pigmento, un proveedor de servicios y un aglutinante: el pigmento se aloja en los poros de la superficie de la madera. Mientras que el proveedor ayuda al pigmento a llegar al poro, el aglutinante le ayuda a seguir la superficie de la madera.

Los tintes suelen ser más resistentes, sobre todo los de base oleosa, y requieren mucho menos mantenimiento. Sin embargo, requieren un tiempo de secado más largo, lo que da lugar a un revestimiento mucho mejor. La decoloración puede resaltar el patrón de las vetas tanto en el fresno como en el roble.

- **Coloración**

Un tinte para madera se compone normalmente de un colorante y un disolvente. A diferencia de un decolorante, un tinte puede penetrar profundamente en la madera y atenuar su veta. Como resultado, el proceso de teñido añade un color dinámico y profundo a la madera.

Los artículos de madera densos o con figuras son más adecuados para el proceso de coloración, ya que los tintes para madera son más translúcidos. Sin embargo, los tintes para madera tienden a desvanecerse con la luz del sol. Por lo tanto, no pueden asegurar la superficie de la madera.

5.Construir

Cuando hayas terminado de teñir o empañar cada pieza, tienes que ensamblarla. En esta fase, necesitarás diferentes productos y herramientas de fijación, junto con adhesivo para unir las piezas.

- Antes depegar o unir dos elementos, ajústalos en seco. Esto te ayudará a asegurarte de que los dos elementos encajan eficazmente.
- Utiliza el pegamento o adhesivo ideal para unir las diferentes partes de la carpintería.
- Utilizalas abrazaderas adecuadas para sujetar las piezas mientras el adhesivo está húmedo.
- Pega y monta los componentes por etapas. Planifica el montaje completo.

6. Acabado

Después de montar todas las piezas de tu proyecto, el último paso es añadir una superficie final. El propósito de un acabado de madera es proteger tus muebles de la humedad, la hinchazón, el agrietamiento, la decoloración, etc.

Puedes buscar los siguientes tipos de superficies de madera.

- Base en aceite-Puedes utilizar superficies aceitosas como el aceite de teca y el aceite de linaza para dar brillo a tu carpintería. Sin embargo, estas superficies no ofrecen mucha protección.
- Base de agua- Lassuperficies menos dañinas, no inflamables y con base de agua crean una cobertura clara. Aplícalas con cuidado, ya que en algunos casos pueden hinchar las fibras de madera.
- Barnices-Hay dos tipos de barnices: el barniz de conversión y el barniz de poliuretano.El barniz de conversión es duradero y proporciona una superficie brillante y resistente. Sin embargo, se necesitan herramientas y conocimientos especializados para utilizarlo.
- Barniz de poliuretano- Aunque este utiliza un recubrimiento transparente, varias capas pueden dar lugar a una superficie de plástico. El barniz de poliuretano requiere un periodo de curación de 30 días. Es bastante duradero.
- Cera-Esto es fácil de usar. Aunque la superficie obtiene un bonito brillo, una superficie de cera tiene muy poca defensa.
- Laca - Un recubrimiento de superficie de secado rápido, la goma laca proporciona un recubrimiento de color claro o amarillento. Ofrece una defensa moderada contra el agua y el alcohol.
- Laca de nitrocelulosa - es duradera y ofrece una excelente protección. Sin embargo, tiene elementos tóxicos. Hay que utilizar una máscara de seguridad para evitar respirar los humos nocivos.

Pasos para trabajar la madera

- **Leelos planos.**

Familiarízate con los planos y procedimientos antes de comprar o cortar la madera. Asegúrate de que la tarea es algo que puedes manejar.

- **Inspecciona tu lista de productos.**

Organizatu lista para asegurarte de que puedes obtener eficazmente los productos que necesitas.

- **Planifica los cortes.**

Comprueba toda la madera y establece dónde irá cada corte. Selecciona la parte dela tabla más adecuada para cada parte de tu proyecto. Por ejemplo, elige elementos de la tabla que coincidan para obtener patrones de vetas y también uniformidad de tonos. Además, planificatus cortes para asegurarte de hacer los mínimos ajustes de la sierra (haz primero todos los cortes transversales y después todos los cortes al hilo, por ejemplo).

- **Pre-fresatodas las tablas para obtener piezas rectas y niveladas**

Esto funciona junto con el procedimiento de planificación de cortes mencionado anteriormente.

- **Fresa las tablas a sus dimensiones finales.**

Esto implica la planificación y la unión de las tablas.

- **Corta las juntas.**

- **Ajusta en seco las uniones para asegurarte de que todo encaja eficazmente.**

Asegúrate de que los ajustes y las uniones encajan eficazmente antes de añadir cualquier adhesivo o pegamento. También debes practicar el procedimiento de montaje. Repite el proceso hasta que puedas hacerlo con eficacia.

- **Pega las uniones y sujétalo también.**

Trabaja con rapidez y junta todas las piezas antes de continuar. Esto reduce la posibilidad de que el pegamento se seque. Al sujetar, ten cuidado de no aplicar una presión excesiva. Utiliza la fuerza justa para unir las juntas. No hay que exprimir todo el adhesivo.

- **Cuadraloscomponentes.**

Las tablas de las mesas deben estar perfectamente niveladas, y otros conjuntos deben estar impecablemente a escuadra. Utiliza una regla para comprobar la monotonía y una cinta métrica (que mida en diagonal las piezas) para ayudar.

- **Limpia.**

Deja tu pieza en un lugar donde no se dañe y ordena.

- **Relájate.**

Tipo de cortes

A la hora de elegir qué tipo de pieza de madera comprar, muchas personas no tienen en cuenta el corte de la madera; la mayoría sólo piensa en el tipo de madera que quiere. Pero además del tipo de madera, el tipo de corte de la madera también es esencial.

Hay cuatro cortes de madera que tienen su propio aspecto distintivo: Aserrado vivo, aserrado liso, aserrado en cuartos y aserrado en fisuras.

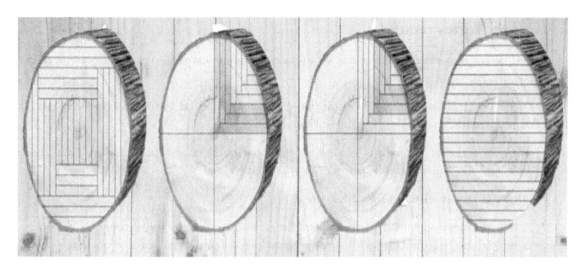

Cuatro tipos de cortes

Aserrado en vivo

Este corte de madera es uno de los más comunes y económicos, y también crea la menor cantidad de residuos cuando se corta en tablas. Cada tabla se corta directamente del tronco sin mover la alineación.

Este corte es el más adecuado para quienes desean un aspecto más rústico.

Aserrado liso

Este corte de madera también es estándar y se diferencia por su técnica de aserrado. La tabla se desplaza 90 grados y se vuelve a cortar. Este corte genera además una cantidad mínima de residuosy produce un patrón de grano catedralicio.

Aserrado en cuartos

Este corte de madera se identifica por su patrón de vetas que corre verticalmente y tiene una apariencia rayada. Los tablones se cortan dividiendo el tronco en cuartos; después, se pasa la sierra por la madera en vivo.

Este corte es más caro debido al proceso de producción, así como al menor rendimiento de la madera por losa.

Aserrado por fisuras

Este corte de madera es el más caro, así como el menos común. Las tablas se reducen perpendicularmente a los anillos de desarrollo del árbol. Este corte puede proporcionar un patrón de grano recto más moderno y es prominente con las variedades de roble y arce. Sin embargo, es difícil conseguir este tipo de tablas de más de 10 cm de ancho.

Hacer cortes rectos

Una de las primeras actividades que va a realizar cualquier carpintero es hacer cortes a mano o con una herramienta eléctrica.

Puede parecer sencillo; sin embargo, hay cierta delicadeza en la forma exacta de hacer los cortes precisos, cuadrados y lo más ordenados posible.

Antes de empezar a cortar la madera al tamaño requerido, vamos a encontrar un aspecto esencial de las dimensiones de la madera.

Dimensiones nominales frente a las reales

Las dimensiones de la madera que se detallan en los maderos no son siempre las mismas. No es ningún secreto, ya que todos los carpinteros lo reconocen, pero es algo que hay que saber antes de acabar comprando el tamaño equivocado para un proyecto. Todos hemos visto las medidas de la madera en las tiendas, como la de 3x5, que muestra la medida de la sección transversal de la madera, en este ejemplo, 3" por 5".

Sin embargo, si tomas una cinta métrica, te darás cuenta de que no es realmente 3 "por 5", es alrededor de un 1 / 2" más corto en ambas dimensiones, lo que da 2 1/2" por 4 1/2".

Parte de la razón es que cuando un árbol se tala y se corta en tablas, tiene una gran cantidad de humedad en su interior cuando la madera se seca en el horno, disminuye y se deforma después de deshacerse de la humedad.

Para compensar esto, los aserraderos alisan las áreas de la superficie y limpian los lados, ofreciéndote idealmente una tabla recta y lisa, a expensas de algunas dimensiones de la madera.

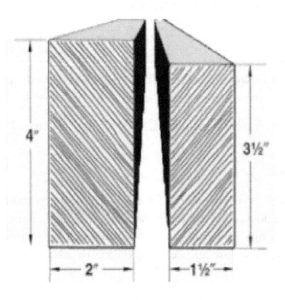

1x4	$\frac{3}{4}"$ x $3\frac{1}{2}"$
1x6	$\frac{3}{4}"$ x $5\frac{1}{2}"$
1x8	$\frac{3}{4}"$ x $7\frac{1}{4}"$
2x2	$1\frac{1}{2}"$ x $1\frac{1}{2}"$
2x4	$1\frac{1}{2}"$ x $3\frac{1}{2}"$
2x6	$1\frac{1}{2}"$ x $5\frac{1}{2}"$
2x8	$1\frac{1}{2}"$ x $7\frac{1}{4}"$
4x4	$3\frac{1}{2}"$ x $3\frac{1}{2}"$
6x6	$5\frac{1}{2}"$ x $5\frac{1}{2}"$

Nominal vs. Real   Gráfico de muestra

Esto aplica en el caso de las grandes ofertas de madera dimensionada, así que comprueba siempre las medidas en la tienda antes de comprar.

Entender esto te ayudará a prepararte para tus tareas y a conocer las dimensiones reales que necesitas, así como lo que debes comprar cuando recojas la madera.

Kerf

Empecemos con la definición básica de "kerf" del diccionario:

Una hendidura hecha al cortar con una sierra.

Cuando cortes, normalmente querráshacerlo a un lado de su línea de marcado, para que la cuchilla no corte tu pieza.

Con una sierra circular, hay una pequeña hendidura en la placa de inicio; esta hendidura representa el corte de la hoja. Averiguar cuál es el corte nos ayudará a ser más precisos en nuestro diseño y proceso. La muesca de tu sierra probablemente será diferente. El tipo de hoja que utilices también podría tener un corte diferente. Comprueba siempre la configuración de su hoja.

Trazado y corte

Cortar madera es muy fácil; sin embargo, hace falta un poco de habilidad para asegurarte de que los cortes son cuadrados, rectos y limpios.

Para cortar un cuadrado, necesitaremos hacer una muesca. Endereza el borde de tu escuadra a lo largo del lado de la madera donde deseas cortar, y también dibuja la línea con un lápiz.

Gira la escuadra y haz líneas similares a lo largo de tu línea de corte, estos cortes laterales ayudarán sin duda a que tu hoja siga la línea.

Puedes empezar midiendo la densidad de la madera; después, mide la misma distancia hacia atrás desde el extremo. Termina trazando una línea de lápiz alrededor de la pieza con el lado cuadrado. Puede parecer sencillo, pero cuando todo tu proyecto se desmorona por 1/8", puede ser extremadamente frustrante.

Corte de inmersión

La sierra circular es la herramienta más popular entre los propietarios de viviendas y los aficionados al bricolaje por varias razones. Es relativamente barata, móvil y fácil de manejar. Es perfecta para cortar madera, especialmente para realizar cortes rectos en la madera.

¿Puedes utilizar tu sierra circular para cortar diversas formas en la madera? El método para hacerlo se denomina "corte por inmersión" y se puede utilizar para muchos trabajos de bricolaje.

Un corte en picado es aquel que comienza en el centro de la tabla. Los cortes en picado pueden ser un poco complicados, pero resultan mucho más fáciles con la práctica.

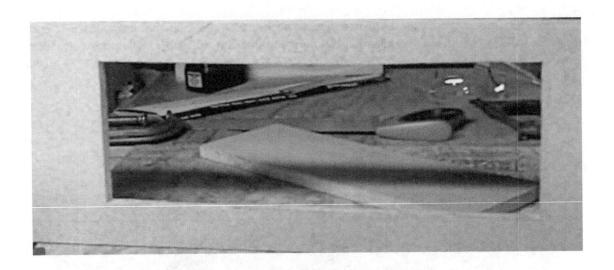

Uniones

A continuación se detallan los tipos importantes de uniones de madera que utilizamos para fabricar muebles de madera o para utilizarlos en otras artesanías.

Unión de galleta

Definición: Pieza de forma ovalada de madera típicamente prensada y encolada en dos aberturas en forma de media luna.

Uso: Para unir grandes tablas de madera, como en tableros de mesa.

Unión de caja

Definición: Una junta de borde con dedos cuadrados entrelazados. Una opción práctica para sincronizar las uniones.

Uso: Creación de bordes de cajas o armazones tipo caja.

Junta de brida

Definición: Una unión de borde comparable a la de amortización y espiga, en la que la mortaja pasante está abierta por un lado y también adopta una forma de horquilla.

Uso: Esta junta se utiliza para unir la parte superior de las vigas.

Junta de tope

Definición: El extremo de una pieza de madera que se une con adhesivos, clavos, tornillos, etc.

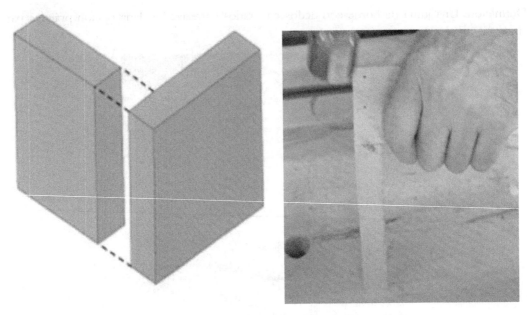

Junta a tope: Se puede clavar después del encolado

Uso: Enmarcado de paredes en obras de construcción.

Junta Dado/ Carcasa

Definición: Una zanja cortada a través de la madera en la que se inserta otra pieza.

Uso: Estanterías y armarios de madera contrachapada.

Junta de cola de pato

Definición: Una junta de caja con dedos diagonales entrelazados.

Uso: Armarios y cajas.

Junta de clavijas

Definición: Clavijas redondas de madera de pequeño diámetro colocadas y pegadas en los bordes de dos elementos de madera.

Uso: Construcción de muebles.

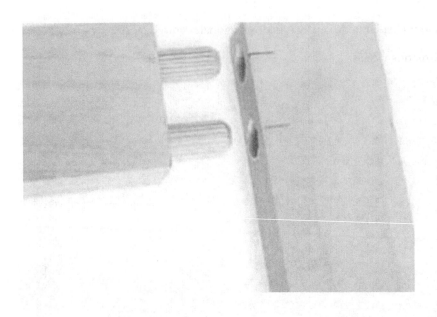

Junta de rebajo

Definición: Dos elementos se cortan a la mitad de su grosor y se pegan.

Uso: Marcos para imágenes, marcos de puertas delimitadas y paneles divisorios de suciedad para armarios.

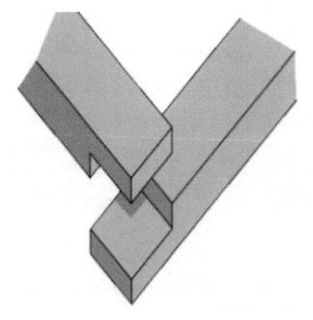

Junta a inglete / a tope

Definición: Unión a tope en la que dos tablas se unen en un ángulo de 45 grados.

Uso: Cajas, marcos y muebles ligeros.

Mortaja y espiga

Definición: Una unión en la que la espiga de una pieza de madera encaja en la mortaja (cavidad) de otra en un ángulo de 90 grados y finalmente se refuerza con cola.

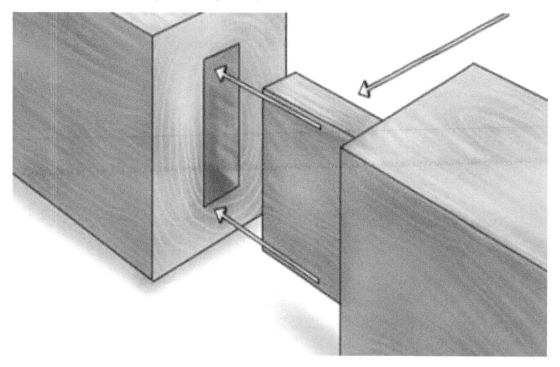

Uso: Mobiliario, como mesas y escritorios de trabajo y también construcción.

Junta de bolsillo

Definición: Consiste en la unión de dos piezas a través de un orificio preperforado (perforado en ángulo) y un tornillo.

Uso: Armarios de cocina y mobiliario.

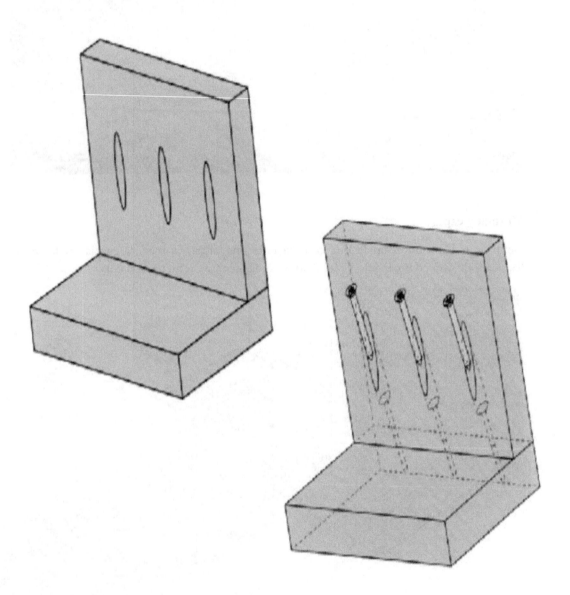

Junta de rabillo

Definición: Tipo de unión a tope con una ranura cortada en el borde de una pieza de madera para un mejor agarre.

Uso: Armarios y paneles para cristales.

Junta de rabillo y machihembrada

Junta machihembrada

Definición: Ranura saliente cortada en la longitud de una pieza de madera que encaja en el hueco de otra.

Uso: revestimiento de suelos, parquets, paneles y construcciones similares.

Seguridad: Buenas prácticas

Consejos de seguridad para principiantes

1.Ponte siempre el equipo de seguridad

Esto puede parecer obvio, pero hay que decirlo. Cuando se utilicen aparatos ruidosos, como las fresadoras y las cepilladoras, es imprescindible ponerse protección para los oídos. Del mismo modo, utiliza guantes de látex mientras realizas los acabados. Lleva siempre puestas las gafas de trabajo. Esto debe ser lo primero que cojas.

Gafas de protección

Equipo de protección personal

La protección de los ojos es imprescindible. La más mínima mancha en el ojo, independientemente de su gravedad, puede dejarte fuera de combate durante el resto del día.

Los protectores auditivos, ya sean de tipo sobre o dentro del oído, proporcionan alivio con cualquier herramienta eléctrica. La pérdida de audición se mide por el periodo de exposición, por lo que, aunque no parezca tan grave en el momento, al final del día tu audición habrá sufrido daños.

Las máscaras antipolvo son fantásticas para evitar la inhalación de polvo de madera. Puede parecer benigno; sin embargo, el polvo de madera está catalogado como un riesgo por las organizaciones de seguridad.

Puede parecer que los guantes están ausentes de esta lista; sin embargo, eso es deliberado. Aunque los guantes son maravillosos para muchos otros usos, tratar con dispositivos para trabajar la madera no es uno de ellos. Si tu guante se atasca mientras trabajas con una herramienta de carpintería, podríaslastimar gravementetu mano.

Además de este equipo, otras buenas prácticas de seguridad son:

- Atar el pelo largo.
- Quitar los accesorios.
- Evitar la ropa suelta.
- Quitar los relojes.

2.Llevar la ropa adecuada

El problema de las prendas holgadas o sueltas es el riesgo de que se enganchen en una hoja de sierra. Por ello, usa ropa más ajustada. Además, quítate las joyas y los relojes, especialmente los que cuelgan.

3.Evita las cosas que afectan negativamente a tu tiempo de reacción

Es como cuando conduces un vehículo: debes evitar el alcohol, las drogas y los medicamentos para evitar accidentes. Nunca trabajes en estado de embriaguez. Mantente seguro.

4.Desconecta de la electricidad

Recuerda siempre desconectar la fuente de alimentación antes de modificar las órbitas de las cuchillas de tus herramientas eléctricas. Además de asegúrate de que el botón está apagado, asegúrate de que la herramienta no recibe corriente.

5.Utiliza un solo cable de expansión

Si utilizas un solo cable alargador resistente para todos tus aparatos eléctricos, te asegurarás de apagar todos a la vez. Demasiados cables son confusos y suponen un riesgo de tropiezo.

6.Nunca utilices cuchillas y puntas sin filo

Las herramientas sin filo son más peligrosas de utilizar, y además dificultan mucho la tarea en general. Una herramienta bien afilada hará un corte más limpio.

7.Inspecciona el acero existente

Antes de aserrar o hacer un corte, asegúrate de que el artículo no tiene clavos, tornillos u otras piezas de acero alojadas en él. Las cuchillas que giran, así como los clavos (y otros elementos de acero), no se mezclan y provocarán daños tanto en el material como en el cabezal de corte. También puede desencadenar que la culata se desmorone y provoque lesiones, así que asegúrate siempre (o utiliza un detector de acero para garantizarlo) de que la culata está ordenada.

8.Trabajar contra el cortador

Muchos dispositivos eléctricos están construidos de manera que la pieza de madera se mueve a través de la herramienta en la dirección opuesta. Por lo tanto, debes asegurarte de que la hoja o la fresa corten en contra del movimiento de la madera, en lugar de hacerlo con ella.

9.Nunca te acerques a una cuchilla en funcionamiento

Espera siempre a que una cuchilla giratoria haya dejado de moverse antes de acercarte para deshacerte de los residuos o recortes, etc. Para estar seguro, elimina los residuos utilizando un palo de empuje o un elemento de desecho.

10.Reduce las interrupciones

Al manejar las interrupciones, debes asegurarte de terminar lo que estabas haciendo (terminar un corte, específicamente cuando se trata de una herramienta eléctrica) antes de volver tu atención a otros lugares.

Instrucciones de seguridad adicionales para los carpinteros

La prevención de accidentes o percances en la carpintería comienza esencialmente desde la base: el suelo. A continuación se indican los factores que nos ayudan a conseguir un espacio de trabajo seguro para trabajar la madera.

Lugar de trabajo limpio

Tanto si cortas, taladras, das forma o lijas, el proceso es más seguro en un lugar de trabajo limpio y minimalista.

Retira el serrín, las virutas y las astillas de madera, así como la madera de desecho, de la zona de trabajo a lo largo del día, para evitar el riesgo de resbalones y tropiezos.

Limpia inmediatamente el aceite y otros fluidos del suelo. Además, ten cuidado con la madera que sobresale o está mal apilada.

El propio suelo también puede acabar siendo inseguro. Las tablas sueltas, los clavos que sobresalen, las astillas, los agujeros u otros problemas de la superficie pueden causar lesiones importantes si no se arreglan.

Seguridad contra incendios

La madera utilizada como material primario y los subproductos como el serrín y las virutas son las principales causas de incendio. Mantén limpios los botones, los cojinetes y los motores, así como libres de serrín; guarda los trapos aceitosos en un recipiente de acero con una tapa hermética.

Todos los trabajadores del almacén deben saber dónde encontrar y cómo utilizar las herramientas de extinción de incendios en el lugar de trabajo. Debe haber extintores adecuados en todos los lugares. Si los trabajadores utilizan extintores, las empresas deben impartir formación una vez al año.

Manejo de herramientas pequeñas

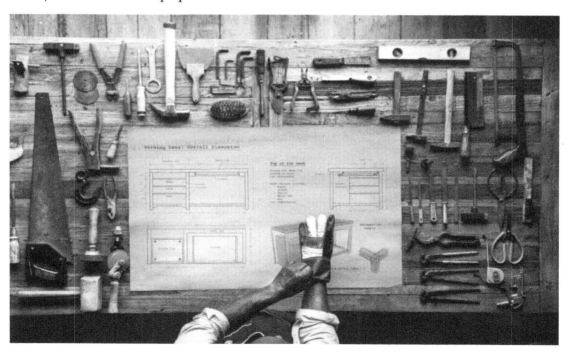

Guarda las herramientas pequeñas, como martillos, cinceles, punzones o taladros, de forma segura. Las herramientas que se dejan en los dispositivos, por ejemplo, pueden causar lesiones en los pies.

No lleves nunca herramientas afiladas en los bolsillos ni utilices herramientas con cabezas rebabas o con hongos. Está atento a los mangos sueltos y repáralos con regularidad.

Cuando se trate de dispositivos pequeños, sigue estos consejos:

- Selecciona la herramienta ideal para la tarea. Las herramientas improvisadas son siempre peligrosas.
- Los dispositivos afilados en buen estado son más seguros.
- Pasa las herramientas a tus colegas por el mango.
- Lleva sólo las herramientas que puedas utilizar con seguridad.
- Cuando lleves herramientas afiladas, mantén los bordes afilados hacia abajo y no los pongas en tu bolsillo.

Uso de dispositivos eléctricos

No permitas que la herramienta funcione mientras no estás. La maquinaria sin supervisión es peligrosa. El trabajador seguro se asegura de que la maquinaria esté completamente desconectada, no sólo apagada, antes de dejarla, porque un empleado desprevenido que no esté familiarizado con la maquinaria puede tocar el borde de corte giratorio.

Todos los equipos para trabajar la madera deben tener un botón magnético de arranque y parada. Este tipo de botón de control no permitirá que la máquina se ponga en marcha de nuevo después de que el suministro de energía se haya interrumpido instantáneamente.

Nunca limpies, engrases, ajustes o intentes reparar la maquinaria mientras esté en funcionamiento. Desconecta siempre primero la corriente.

Cuando limpies la maquinaria, utiliza un cepillo para eliminar el serrín. Asegúrate de llevar gafas de protección.

Las inspecciones rutinarias protegen contra los fallos. Tanto los supervisores como los miembros del personal deben inspeccionar regularmente toda la maquinaria para trabajar la madera, así como sus elementos de seguridad.

La identificación proactiva de los problemas en desarrollo permite un ajuste rápido y resulta en un taller mucho más seguro. Evalúa siempre las conexiones a tierra de todos los equipos eléctricos móviles y fijos.

Ropa y equipo de protección

Un carpintero con equipo de protección

Ponte ropa bien ajustada para evitar que se enganche en los componentes de la maquinaria en movimiento.

Los abrigos sueltos son especialmente peligrosos. Recomendamos camisetas de manga corta o mangas remangadas por encima de los codos. Ata los cordones de los delantales en la espalda.

No lleves corbatas ni ropa rota.

No lleves joyas como anillos, relojes, collares, etc., en la zona de carpintería.

Ten en cuenta que existen numerosos dispositivos de diseño ergonómico.

El calzado de seguridad con protectores metatarsales o protectores de plástico para el calzado reducirán las lesiones en los pies en las operaciones de manipulación de madera.

Debido a los riesgos de polvo o virutas que salen despedidas, utiliza gafas de seguridad con protecciones laterales cuando operes con equipos de corte. Para las operaciones de amolado y de corte, utiliza protectores faciales de plástico o gafas de seguridad autorizadas.

Manejo de la hoja de sierra

-   **Manejo de las sierras circulares**: Los accidentes se producen al entrar en contacto con la hoja giratoria. La formación, así como el uso de protecciones adecuadas, reducirán estos riesgos.

-   Prevención de los contragolpes: El peligro de que el material sea arrojado por la hoja de sierra se reduce si se utiliza un separador correctamente montado y un dispositivo anti- retroceso. Asegúrate de que tu cuerpo está fuera de la línea de fuego cuando se está cortando la madera.

- Mantén siemprelasmanosalejadas de la hoja de sierra: utiliza un palo y no la mano para empujar la madera.
- Guardala cuchilla de forma que no haya peligro de contacto accidental.
- Antes deafilar la cuchilla, comprueba siempre que no tenga grietas.
- **Sierra de brazo radial**: Las sierras de brazo radial son prácticas, ya que pueden adaptarse a muchos trabajos. Sin embargo, estos ajustes crean peligros adicionales que deben evitarse. No debes romper nunca esta regla: No ajustes la hoja de sierra mientras esté encendida.

Manipulación de ensambladoras y planer

La ensambladora se utiliza para aplanar una cara y escuadrar un borde, y la cepilladora se utiliza para hacer la segunda cara plana y paralela a la primera.

Ensambladora

¿Por qué no usamos la ensambladora para hacer lo mismo con otras caras y en su lugar usamos un planer?

Es porque la ensambladora no puede reproducir la misma planitud en la otra cara, y el grosor de la tabla de madera no es el mismo en toda su extensión. Ese trabajo lo puede hacer una cepilladora.

Planer

Estas son las prácticas seguras para:

- **La ensambladora**

Utiliza las ensambladoras sólo en los tablones de madera más estrechos.

Al realizar trabajos de revestimiento en una ensambladora, mantén ambas manos sobre el material.

Mantén las manos alejadas del borde delantero o trasero. Esto es debido al riesgo de contragolpe, así como los peligros de una mayor apertura de la mesa, evita cortes pesados.

Asegúrate de que las aberturas entre las mesas, y también, el cabezal reductor es lo suficientemente simple para quitar la hoja.

No te muevas con la madera mientras pasa por el equipo. Permanece en el lado izquierdo del equipo junto a la mesa frontal.

Asegúrate de que todos los cuchillos estén afilados y completamente equilibrados

Mantén la mesa libre de cualquier cosa que no sea la madera

- **Planer**

Utiliza correas de transmisión y poleas con protecciones metálicas para evitar el contacto accidental.

Puedes evitar los contragolpes si no haces pasar maderas de distintos grosores.

El operario nunca debe situarse en la línea de recorrido de la tabla.

El sistema de escape debe permanecer siempre en buen estado de funcionamiento. Las gafas de seguridad o los protectores faciales protegen al operario de los trozos y las virutas que pueden ser lanzados por los cabezales de corte. También es necesaria la protección auditiva.

Si la tabla se atasca en la cepilladora, no compruebes nunca la parte delantera de la misma. Pueden producirse importantes lesiones en los ojos y en la cara debido a los nudos y astillas que salen despedidos.

Recuerda casi siempre utilizar almohadillas de cuero natural para las manos, y no guantes, cuando se ocupe de la madera en bruto. Mantén los rodillos de alimentación, el rompevirutas y la barra de presión adecuadamente cambiados.

- **Lijadora**

En el proceso de lijado es imprescindible disponer de un sistema de escape eficaz y de protección ocular.

Medidas preventivas para el tambor de lijado

- Ajustael tambor de la lijadora para realizar pequeños cortes.
- Si el material se engancha en los bordes de la base, detén la máquina.
- Mantén las manos alejadas de la maquinaria en movimiento.

Medidas preventivas para el disco de lijado

- Protege el disco y asegura la mesa correctamente.
- Lija justo en la bajada del disco y sujeta bien el suministro contra el tope de la base.
- Mantén las manos alejadas del disco.

Medidas de seguridad para la banda de lijado

- Mantén el material apoyado firmemente en el tope de la base de la máquina.
- Sujeta los obstáculos de lijado en ángulo recto y con firmeza, así como lejos de los bordes de la cinta.
- Cuidado con dañar las bandas al lijar una pieza pequeña e irregular.

- **Tornos para madera**

Los hábitos de trabajo seguros pueden evitar la mayoría de los peligros asociados a los tornos de madera cuando el trabajo se termina con dispositivos manuales. Cuando se utilicen cabezales de corte mecánicos, sigue los métodos de operación adecuados y las protecciones apropiadas.

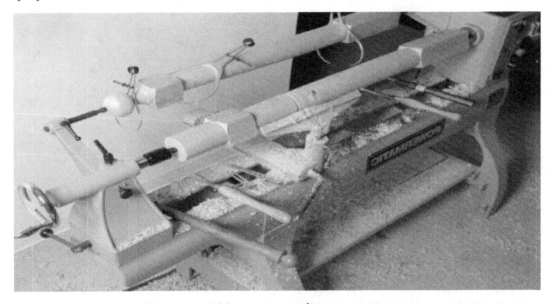

Torno para madera

Pegamento para madera

Si hay un material, además de la madera, que es clave para el mobiliario, es el adhesivo para madera.

Desde la antigüedad, el pegamento se ha utilizado para construir muebles, y es posible ver piezas encoladas con siglos de antigüedad. Date una vuelta por un museo de arte y observa también muebles del antiguo Egipto o del Renacimiento europeo.

Aunque la finalidad del pegamento no ha cambiado a lo largo de los años, la innovación sí lo ha hecho. En la actualidad, existen varios tipos especializados de pegamento para todo tipo de aplicaciones.

La buena noticia es que sólo unos pocos desempeñan un papel vital en la fabricación de muebles: la cola para cuero, los epoxis y el poliuretano.

Los primeros pegamentos fueron los de piel, que siguen utilizándose hoy en día. El adhesivo para pieles se fabrica a partir de productos de origen animal y es muy útil para proyectos como los instrumentos musicales, en los que a menudo es necesario desmontarlos para hacer reparaciones. Como el calor y la humedad hacen que el adhesivo para pieles despegue, es relativamente fácil separar las piezas sin dañarlas.

El adhesivo Hide también trabaja lentamente, por lo que puede ser una excelente opción para las juntas difíciles o las piezas de construcción que tardan mucho tiempo en establecerse.

Sin embargo, el objetivo de la mayoría de los trabajos de amueblamiento es crear algo que pueda soportar la exposición a condiciones de calor y humedad. Por suerte, los fabricantes de muebles actuales tienen varias alternativas.

Los epoxis de dos componentes son posiblemente los más duraderos de todos los adhesivos. Para situaciones en las que se requiere una gran resistencia al agua, el epoxi es la opción más eficaz. Desgraciadamente, su uso es bastante complicado y también poco limpio. Además, los epoxis son venenosos, por lo que hay que llevar ropa de mano e incluso puede ser necesario un respirador para protegerse de la exposición directa a los productos químicos. Estas molestias hacen que los epoxis sean una mala opción para el trabajo diario.

Uno de los adhesivos más recientes que han aparecido en la escena de la fabricación de muebles es el adhesivo de poliuretano, que está pensado para casi cualquier trabajo de encolado. Este adhesivo funciona como ningún otro. De hecho, se endurece al exponerlo a la humedad, por lo que es una excelente opción cuando la resistencia a la humedad es un problema. También es necesario humedecer las superficies de madera antes de aplicar este adhesivo.

Este producto se convierte en un compuesto similar a la espuma mientras trabaja y, al mismo tiempo, se ensancha fuera de la junta. Esto puede hacer que lijar el pegamento sea mucho más difícil. Además, al ser tan nuevo, no puede presumir de la eficacia a largo plazo que tienen otros pegamentos.

Colas blancas y amarillas

Una de las colas más comunes para muebles son los adhesivos de acetato de polivinilo, también llamados adhesivos blancos y amarillos. Mientras que la cola blanca es un buen adhesivo general que puede utilizarse en muchos productos permeables, la cola amarilla se ha desarrollado explícitamente para aplicaciones de carpintería interior.

La cola amarilla se llama cola de resina alifática. Ninguna de estas colas funciona bien si se requiere una unión resistente al agua. Tampoco son buenas opciones para construir cosas como puertas exteriores de primera calidad o muebles de exterior.

Para estos trabajos específicos, existen soluciones impermeables para la cola amarilla. Se conocen como alcohol polivinílico reticulado, ya que se fijan por reacción química, en lugar de por evaporación.

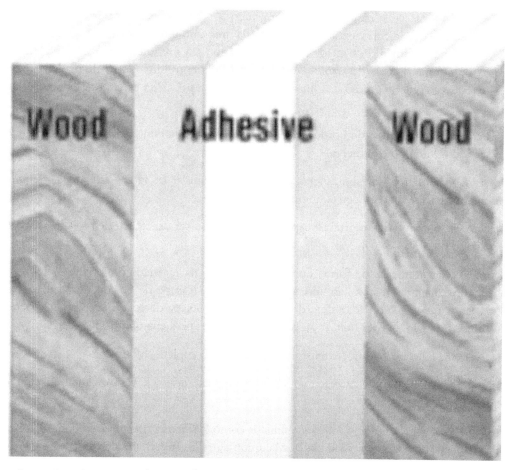

Para la carpintería en general, este adhesivo es compatible con la cola amarilla estándar, aunque no se puede limpiar con agua después de que haya curado.

Aunque cada uno de estos productos tiene su lugar en el repertorio del fabricante de muebles, un adhesivo de resina alifática es la mejor opción para un novato. Es fácil de usar, no necesita mezclarse, no es tóxico y se limpia con agua.

Asimismo, se lija limpiamente, sin obstruir el papel de lija, y deja una línea de cola indetectable si la unión es limitada. Sin embargo, como todos los adhesivos, tiene una vida útil limitada.

Una vez abierto, estará en buen estado por alrededor de un año.

Si descubres que el adhesivo ha empezado a oler mal y parece espeso o fibroso, no debe utilizarse.

Estrategias de encolado

A la hora de preparar una unión encolada, hay que tener en cuenta un par de pautas.

- Aunque lascolas contemporáneas son fuertes, si las juntas no encajan eficazmente o no se deja que la cola cure adecuadamente, la unión no durará mucho.
- Menospegamento es mejor o más apropiado para una unión fuerte. Una capa fina y uniforme de cola desarrollará una unión sólida entre dos piezas de madera, mientras que un relleno grueso de adhesivo hace lo contrario. Una capa gruesa de cola debilita la unión.

Para conseguir una unión de bordes activa, las superficies de contacto largas tienen que estar sujetas todo el tiempo con fuerza.

No se debe confiar en las abrazaderas para mantener unidas las tablas arqueadas, ya que esto supone una tensión excesiva en la unión.

El ajuste de una junta de mortaja y espiga también debe ser exacto, ni demasiado apretado ni demasiado flojo.

Las piezas deben encajar de forma óptima. Una unión más ajustada no tendrá espacio para el pegamento, mientras que si hay un exceso de espacio, la capa de pegamento acabará siendo demasiado gruesa. El apriete óptimo debe garantizar una capa de cola fina como el papel entre las juntas. Para ello, puedes utilizar un palillo, una brocha pequeña o un rodillo delgado.

Asegúrate de que la cobertura/extensión de la cola sea completa y uniforme.

Las superficies de contacto también deben estar limpias, secas y libres de contaminación antes de extender el pegamento.

El aceite, las ceras y ciertos productos químicos como la silicona resistirán sin duda al adhesivo. El agua puede debilitar la junta al impedir la unión entre las superficies de madera.

Todas las colas tienen un tiempo abierto recomendado, que especifica el tiempo que puedes dejar el adhesivo expuesto al aire antes de montar la junta.

Para la mayoría de las colas amarillas, tienen unos 10 minutos. Sin embargo, el tiempo abierto diferirá sin duda con el nivel de temperatura y la humedad del ambiente.

Las condiciones de calor y sequedad harán que el adhesivo se cure más rápidamente. En montajes difíciles, en los que hay que preparar varias juntas simultáneamente, es esencial tener en cuenta el plazo en que está abierto el producto.

En algunos casos, tendrás que completar un trabajo haciendo inicialmente subconjuntos más pequeños.

Además, hay que tener en cuenta que la cola amarilla no funciona bien en condiciones de frío.

Muchos proveedores sugieren que tanto la sala como la superficie de la madera lleguen al menos a 55° F antes de aplicar el pegamento.

Una vez ensamblada la unión, hay que sujetarla con abrazaderas. Las abrazaderas cumplen dos funciones. Por un lado, unen la junta de forma segura y, por otro, la mantienen en un lugar fijo mientras el pegamento se cura.

No debes aplicar una fuerte presión con las pinzas porque esto empujará el pegamento fuera de la junta.

Si se ha extendido la cantidad adecuada de pegamento y se ha utilizado una cantidad apropiada de presión para apretar las abrazaderas, se verán pequeños granos de pegamento saliendo por ambos lados de la junta.

Para eliminar este efecto, déjalo reposar durante unos 20 minutos y, a continuación, utiliza un cincel o una cuchilla de masilla para eliminar el exceso.

Algunas personas sugieren limpiar el exceso de adhesivo con un paño húmedo. Pero esto debe evitarse porque puede forzar el adhesivo en los poros de la madera circundante, especialmente en el caso de las maderas de grano abierto.

Sin embargo, este pegamento no aparecerá hasta que sea demasiado tarde para hacer algo para repararlo fácilmente. Por último, hay que dejar que el pegamento amarillo se cure durante un mínimo de una hora antes de retirar las abrazaderas.

Y el curado completo tarda al menos un día, así que no te metas con el montaje hasta que haya pasado este tiempo.

Cómo aplicar el pegamento							
Precauciones	Usos	Temperatura de uso	Impermeabilidad	Tiempo de abertura	Tiempo de curación	Notas	Precauciones
Amarillo regular	Proyectos de interior	50° +	Pobre	5 Min	30 min	Ampliamente disponible, barato, de fuerte adhesión.	La congelación puede arruinar el pegamento
Tipo II Amarillo	Proyectos de interior o exterior	50° - 85°	Excelente	5 Min.	1 Hr	Igual que el anterior, pero resistente al agua.	La congelación puede arruinar el pegamento
Blanco	Proyectos de interior en los	60° +	Pobre	8 Min.	1 Hr	La unión no es	La congelación puede arruinar el pegamento

	que se desea un mayor tiempo de apertura					tan fuerte como la cola amarilla.	
Poliuretano	Proyectos de interior, proyectos de exterior	50° +	Excelente	20 Min	4 Hr.	Necesita humedad para curar. Hace espuma cuando se cura.	Puede reaccionar con la humedad de la piel. Usar guantes
Epoxi	Adhesión de materiales distintos (por ejemplo, metal o vidrio a madera), adhesión de maderas aceitosas y para uniones impermeables	35° + dependingonthe formula	Impermeable	5 a 90 Min. Dependiendo de la formulación	Varía con el tiempo de apertura	Un sistema de dos partes que debe ser mezclado antes de su uso	La exposición repetida puede causar sensibilización. Evite el contacto con la piel, use un respirador y gafas.

Cemento de contacto	Laminados y chapas de plástico a sustratos	65° +	Justo	10 a 60 Min.	Aplicar presión con el rodillo	El tiempo de apertura con base de disolvente es más corto que el tiempo de apertura con base de agua	Los vapores pueden ser extremadamente inflamables. No utilizar cerca de llamas abiertas.
Super pegamento	Reparación de pequeñas grietas, astillas, fijación de incrustaciones	50° +	Muy buena	15 Seg. a 5 Min	Ninguno	Hay un acelerado r disponible para acelerar el tiempo de curado	Se adhiere a la piel al instante. Los vapores pueden ser irritantes para los ojos.

Pegamento de fusión en caliente	Uniones temporales de fácil eliminación	240° - 400°	Justo	5 Seg.	Ninguno	Las barras de pegamento deben calentarse en la pistola de pegamento	El pegamento caliente goteado en la piel puede causar quemaduras
Resorcinol	Uniones impermeables	65° +	Impermeable	15 Min.	10 Hr	Un sistema de dos partes que debe ser mezclado antes de su uso.	El polvo y los humos son peligrosos. Usar gafas, respiradores y guantes cuando se use.

Acabado de la madera

Conceptos básicos sobre el acabado de la madera

El proceso de acabado implica cómo preparar las superficies, cómo colorearlas con tintes para madera de forma precisa y cómo aplicar diferentes tipos de barniz.

Hay algunas cosas esenciales que hay que tener en cuenta.

Antes de aplicar cualquier acabado, asegúrate de que la madera está seca, ordenada, bien lijada y libre de cera y aceite. La otra cosa que hay que tener en cuenta es que la humedad deshará todo tu buen trabajo. Para mantener el agua fuera de tu madera, sin duda necesitarás un acabado en cada superficie. Si estás trabajando en una puerta o ventana exterior, sella cualquier hueco entre la madera y la mampostería después de haber utilizado el acabado.

Hay varios factores esenciales a la hora de utilizar un revestimiento, algunos visuales y otros funcionales. Un acabado puede reducir la actividad estacional y también las tensiones y ansiedades resultantes en la carpintería.

También hace que la superficie sea más resistente a los impactos y protege la madera contra el uso diario, tanto si se trata de una mesa de cocina como de una silla de exterior. Asimismo, la mezcla adecuada de tintes, manchas y revestimientos transparentes puede convertir la madera habitual en algo realmente único.

Materiales necesarios

- Barniz, tinte para madera.
- Papel abrasivo
- Cubo y esponja
- Diluyente de celulosa
- Trapo sin pelusas
- Bloque de lijado de corcho
- Cuchillo de llenado
- Rascadores
- Pinceles para barnices y tintes para madera
- Disolvente
- Alambre delana de calidad "00
- Relleno de madera

Utilización de barnices, tintes y tinturas

- Ordenala superficie

El polvo, el aceite y la cera impedirán que los tintes de madera, los barnices y las tintas se impregnen o se peguen. Los tintes específicos deberán limpiarse con whitespirit o diluyente de celulosa antes y después del lijado.

- Lijala madera

Lo mejor es lijar por fases con una lijadora manual o eléctrica. Recuerda lijar a lo largo de la veta. Redondea todos los lados afilados, especialmente en la madera de exterior, ya que es donde el acabado se rompería.

- Uso de conservantes

Para la madera de exterior, aplica dos capas de conservante, o sólo una capa para el trabajo en interior.

Tinte para madera

En lugar de ocultarlo, los tintes para madera se utilizan para realzar el tono natural de la madera.

Hay diferentes tipos de tintes, y seleccionar el mejor puede parecer una elección difícil.

Sin embargo, a lo que realmente se reduce es a lo siguiente:

- Debe ser sencillo de aplicar
- Debe ser compatible con la superficie que deseas
- debe secarse en un plazo razonable
- Debe mantener su color sin desvanecerse

Muchos tintes para madera están hechos para impregnar la madera, aunque hay excepciones.

En particular, los tintes de madera para exteriores forman una fina película externa, no muy diferente a la pintura, para fijar la madera.

Por eso, la mayoría de los tintes que encontrarás en la tienda de tu barrio se clasifican como tintes de interior, no de exterior.

Sin embargo, muchos tintes de interior son adecuados para su uso en el exterior siempre que se utilicen varias capas de barniz para proteger posteriormente la madera.

Tintes de agua

Los tintes de agua vienen en forma de polvo. Son los menos costosos de todos los tintes, pero generalmente no se ofrecen en las grandes tiendas de renovación residencial. Es probable que tengas que comprarlos en línea

Estos tintes se ofrecen en unos pocos tonos: cristales de Vandyke (marrón), caoba (marrón acogedor) y también nigrosina(negro), son los más comunes.

Para obtener el color exacto que necesitas, lo más probable es que tengas que mezclar los tres anteriores

Para modificar la profundidad del color, ajusta la proporción de polvo y agua.

Aplicación de un tinte de agua

Aplica el tinte a la madera con un paño o una brocha. Una brocha es ideal si vas a teñir tallas, molduras o cualquier otro producto de forma irregular.

Sin embargo, un paño retiene más tinte y, para superficies planas, es mucho más fácil de usar.

Antes de aplicar la primera capa de tinte, humedece suavemente la madera. Esto ayudará a que el tinte se extienda de manera uniforme. Asegúrate de que tienes suficiente para todo el trabajo: es mucho mejor tener que descartar el exceso que tratar de igualar el tono anterior con precisión.

No viertasel tinte, pero se generoso en su aplicación. Los tintes de agua se secan muy poco a poco, por lo que debes frotar el exceso con una toalla de papel o un paño sin pelusa.

Una vez que el tinte se haya secado, utiliza más tinte en las zonas que sean demasiado claras.

Ten en cuenta: los tintes de agua pueden parecer que se han secado en 40 minutos, pero una segunda capa debe hacerse sólo después de un mínimo de 12 horas.

Tintes de aceite

Los tintes al aceite suelen venir mezclados y se identifican por el tipo de madera al que se asemejan (como el roble, la caoba, etc.). Estos nombres de tonos deben utilizarse como una visión general y no deben disuadirte de probarlos.

Utilizar un color en aceite

Los tintes al aceite pueden entrar en el grano desigual, y esto puede crear un recubrimiento desigual.

Para solucionar este problema, hay que preparar la madera mediante el lijado. Para estos tintes se puede utilizar un cepillo o un paño.

Tintes de alcohol

Se trata de un tinte habitual utilizado por los carpinteros expertos debido a la gran variedad de colores disponibles. Se venden en polvo y hay que mezclarlos para conseguir el tono ideal.

Al ser de base alcohólica, estos tintes también pueden mezclarse con goma laca brillante para darles color.

Los tintes de alcohol se secan muy rápidamente (generalmente en unos 5 minutos), por lo que son preferibles para su aplicación en spray.

Sin embargo, el hecho de que se sequen tan rápidamente también puede crear problemas y un acabado irregular.

Utilizar un tinte a base de alcohol

Como ya se ha dicho, el mejor método para aplicarlo es con una pistola. Aplica el tinte con moderación. También puedes sumergir la pieza en el tinte. La estrategia más eficaz para esto es sumergir los artículos y luego dejarlos sumergidos durante unos cinco minutos.

Tintes de pigmento

Este tipo de tinte está hecho de pigmentos finamente molidos. No se licúan como los tintes. Los tintes pigmentarios añaden un color semiopaco a la madera y se utilizan mejor para camuflar el tacto y el aspecto originales de la madera (por ejemplo, en madera de baja calidad).

Utilizar un tinte de pigmento

Utiliza el tinte con una brocha y se extremadamente liberal con la cantidad de tinte utilizado.

Una vez recubierta toda la superficie, limpia el exceso con un paño suave y sin pelusas.

Tintes de cera

Los tintes de cera son básicamente una mezcla prefabricada de cera y también un tinte específico. Uno de los tintes de cera preferidos es la cera de pino "antigua". Al tratarse de un tinte de cera, no puede utilizarse bajo ningún otro tipo de revestimiento, como la goma laca. Piensa en el tinte de cera como en un servicio abreviado, que integra el procedimiento de tintado y encerado en uno solo.

Aplicar un tinte de cera

Utiliza el tinte de cera como lo harías con una capa de acabado normal de cera.

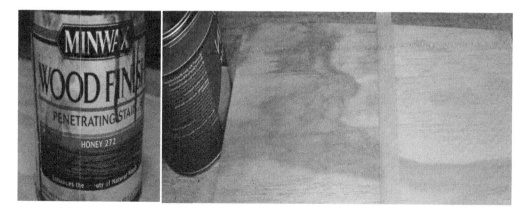

Diez proyectos de carpintería para principiantes

1. Caja simple con tapa

Este es un método estándar para hacer una pequeña caja utilizando simplemente una caja de ingletes y una sierra.

Dispositivos y material:

-Regla o cinta métrica

-Caja de ingletes y sierra

-Pegamento

-Abrazaderas(pequeñas).

-Madera: una pieza de 4 pies (1x4)

-Papel de lija   .

La madera utilizada son piezas estándar de pino de 1x4 del Home Depot del barrio. Un observador agudo tendría en cuenta que el 1x4 es, de hecho, más cercano a 3/4 x 3 1/2. (Recuerda que el tamaño nominal vs. real se comentó anteriormente)

Medir y cortar:

4 tablones largos de 7 pulgadas.

2 tablas de 5 pulgadas.

1 tabla de 8 1/2 pulgadas.

Hazlo con la mayor precisión posible. Un consejo sería medir la siguiente tabla según la tabla anterior. Medir de antemano puede hacer que algunas piezas sean más cortas.

No lijes ninguno de los bordes antes de pegar. Es habitual que las personas quieran darle una pasada rápida para limpiar los bordes y demás, pero lo que acabará ocurriendo es que dañarás el lado recto de la tabla. Si tienes algún borde astillado, alísalo con el dedo; después, pégalo.

Pasos

1.Toma una pieza de 7 pulgadas y coloca una fina capa de cola para madera en ambos bordes largos.

2.Coloca dos más de las tablas de 7 pulgadas en los lados pegados para hacer una forma de "U". Asegúrate de que los extremos se alinean y de que todo está recto.

3.Sujeta los extremos sin apretar, para mantenerlos unidos.

4.Coloca la última tabla de 7" en la parte superior sin adhesivo y aplica una abrazadera para mantenerla allí. Esta tabla sólo está ahí para garantizar que los lados estén rectos y que el espacio superior no sea más ancho que el inferior. No te fíes de tus ojos en esta pieza.

5. Aprieta todas las abrazaderas mientras inspeccionas las tablas para asegurarte de que nada se ha deslizado. Si tienes una zona de encolado grande, no es raro que los elementos se muevan un poco. Deberías ver cómo se escurre algo de pegamento. Si no es así, o bien tienes un espacio demasiado pequeño para utilizar la cantidad exacta de pegamento necesaria, o bien no has utilizado suficiente pegamento.

6.Deja que se cure completamente. No lo toques durante una hora, como mínimo.

7.Cuando parezca completamente seco, retira con cuidado las abrazaderas. Es posible que las juntas aún estén sueltas. Deja a un lado la tabla de 7 pulgadas sin pegar.

8.Pon una fina capa de adhesivo en ambos lados en forma de "U".

9.Mantén las dos tapas de los extremos, teniendo cuidado de alinear los lados lo mejor que puedas. Cuanto más se acerque, menos tendrás que lijar.

10.Sujeta las dos tapas de los extremos en su posición y deja que toda la punta se seque durante la noche.

11.Retira las abrazaderas.

12.Coge esa última tabla de 7 pulgadas y comprueba el ajuste dentro de la parte superior. Si también está cerca, lija los bordes hasta que encaje convenientemente. Si tienes dificultades para sacarla de nuevo después de haberla encajado, atornilla un pequeño tornillo en el centro y úsalo. A medida que se vaya haciendo el resto de la tapa, se irá tapando el agujero.

13.Toma esa tabla de 8 1/2 pulgadas, mídela y haz una línea que esté a 3/4 de pulgada de cada lado. Esa última pieza de 7 pulgadas debe caber cómodamente entre las líneas.

14. Pega un lado completo de la tabla de 7 pulgadas y ponlo en línea sobre el tablero de 8 1/2 pulgadas. Fíjalo bien. Seguramente será propenso a deslizarse un poco.Cuando el adhesivo se seque, quita la presión y comprueba si la tapa encaja.

2. Caja simple con junta de rabillo

Materiales necesarios:

-Tabla de madera(madera regular de tres cuartos de pulgada)

-Pegamento

-Abrazaderas

-Sierra

-Fresadora

-Cuchillas de dado

-Ingleteadora

Pasos

-Usamadera genérica de 3/4" para la caja. En primer lugar, corta los elementos, 4 lados, la base y la porción baja. Primero haz limpieza de un lado, luego corta el otro lado al tamaño deseado.

-Alínea los lados de las piezas de la tapa y pégalas. Sujételas suavemente para que se sequen por completo. No aprietes demasiado las abrazaderas.

-Es el momento de hacer una junta de rebajo. Baja la hoja de tu sierra de mesa para asegurarte de que está justo a la mitad del ancho de tu tabla. Ubica una "tabla de sacrificio" frente a la guía de corte para que se pueda utilizar contra la hoja

-También es muy probable que utilicemos la guía de ingletes para hacer rebajes; sin embargo, ten en cuenta que NO debes utilizar la guía de corte al hilo e incluso la hoja de ingletes entre sí si estás haciendo cortes transversales rectos.

-Para hacer los rebajes en los laterales, comienza por el borde de la tabla y haz múltiples cortes hasta llegar al tope de seguridad.

-Para hacer los rebajes de la porción baja de la caja (a lo largo de la longitud de las tablas), comienza con la valla de corte contra la hoja de la sierra, y muévete gradualmente hasta la dimensión deseada.

-Utiliza tu tabla contra la pieza inferior para conseguir un excelente ajuste.

-Ahora es el momento de encajar las tablas. Aconsejo una abrazadera de banda para esto, valdrá la pena el dinero. Sin embargo, las abrazaderas de barra funcionarán si eso es lo que tienes.

-Mide la tabla inferior directamente contra tu caja. Haz una marca de lápiz en lugar de utilizar cinta adhesiva determinante.

-Pega los lados y el fondo al mismo tiempo para que todo quede cuadrado.

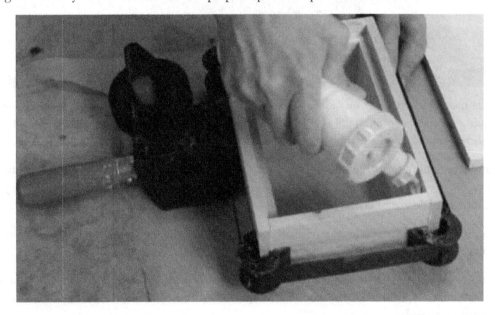

-Asegura para que se seque completamente, una vez más teniendo cuidado de no apretar demasiado las abrazaderas.

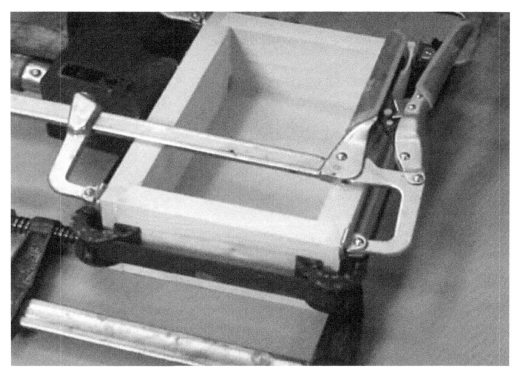

-Cuando el pegamento esté completamente seco, retira las abrazaderas y mide tu tapa.

3. Soporte para iPad

Materiales:

-Un trozo de madera de buena calidad (130 x 80 x 24 mm o 5,1 x 3,1 x 0,9 pulgadas, si quieres).

Dispositivos necesarios:

-Sierra.

-Taladro.

-Broca de mayor diámetro (nosotros utilizamos 19 mm).

-Papel de lija.

Pasos

-Toma un bloque de madera de 130 x 80 x 24 mm

-Perforaun agujero de 10 mm de profundidad en el bloque. Esto crea un pequeño agujero para facilitar el acceso al botón de inicio del iPad. Es mejor hacer esto primero.

-Localizael centro del lado corto y marca 17mm hacia el interior. Este será sin duda el acceso de la pequeña abertura. Perfora un agujero, alrededor de 10mm de profundidad.

-Corta en ángulo de 27 grados : Haz dos cortes de este tipo, como se muestra en la figura. Aquí es donde se asentará tu iPad.

-Abre un orificio a15 mm de profundidad y límpialo a fondo. Puedes hacerlo a mano o con una sierra de mano, o seguir el método sencillo y utilizar una sierra de mesa flexible.

-Alísalo lijando: Haz que el soporte sea lo más liso posible lijándolo. Asegúrate de que los bordes del pequeño orificio sean lisos para que no dañe tu iPad.

4.Juego de tres en raya

Aunque cualquier madera sirve, yo aconsejo tres tipos de madera para el trabajo:

-Arce claro

-Roble

-Nogal negro.

Aprovecha el arce para las molduras, el roble para los bloques y el nogal para los listones. Además, un acabado con aceite de linaza frotado a mano resalta las vetas.

Herramientas:

-Papel , bolígrafo, juego de escuadra

-Pieza de madera para el tablero y madera de desecho para las O y las X

-Sierra de cinta, sierra de calar y torno para tornear madera

-Aceite danés, herramienta de lijado

Pasos

1.Haz cuadrados de 2" para las cruces.

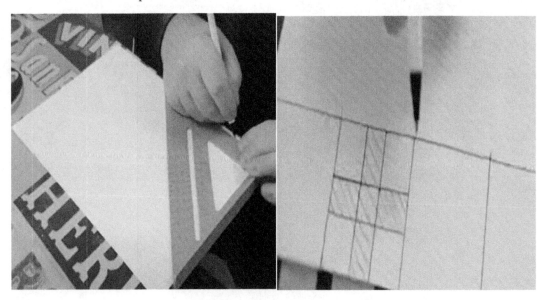

2.Corta las cruces. Saca la madera de desecho de la pila de leña que tengas y córtala a la medida, como se muestra a continuación (para hacer las X). Corta el listón de madera en la sierra de cinta.

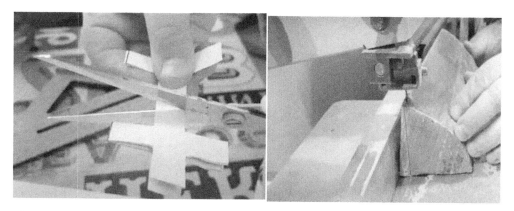

-Ahora, pega la plantilla de papel en la madera. Haz las "O" girando el torno.

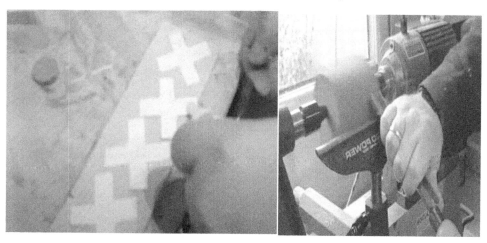

-Perfora el agujero y luego corta las rodajas de la pieza cilíndrica de madera.

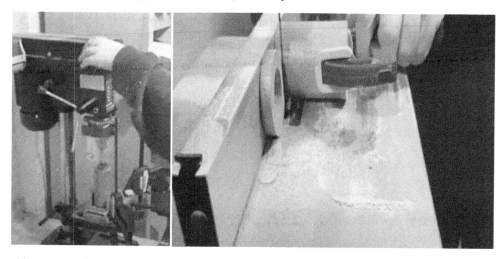

-Ahora corta las cruces que se pegaron antes en la pieza de madera (usando la sierra de calar). A continuación, lija las piezas en forma de X.

-Después de lijar, pon una capa de aceite danés en las X y las O y recorta la tabla. Lija la tabla y rocía con color blanco.

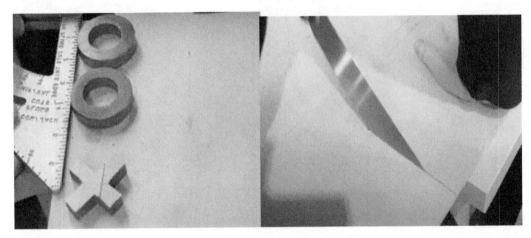

-Dibuja casillas en la pizarra y luego pon las X y las O.

5. Tabla de cortar

En este trabajo se puede utilizar la madera de desecho que ya tienes en tu taller.

Si eliges madera nueva en el patio, tanto las maderas duras como las blandas son excelentes selecciones.

Necesitarás:

-Cortar la madera

-Laminar de las tablas

-Terminar el tablero

Pasos

Cortar el material

-La densidad de los bloques viene determinada por la anchura de los artículos que se cortan. Por ejemplo: Para que un bloque tenga un grosor de 111, seguramente cortarásel bloque de 1" de ancho debido al proceso de laminación, que agrupará las tablas.

-Puedes cortar el material un poco más largo de lo que deseas. La tabla se cortará después de haberla laminado y lijado.

Laminado del material

-Utiliza el adhesivo de resorcinol en ambas caras de la madera para pegarlas. El adhesivo de resorcinol es impermeable y proporciona estabilidad si el tablero se empapa de agua.

-Después de pegar, fija las tablas y déjalas secar toda la noche.

-Frota el pegamento adicional antes de que se seque para evitar que se agrieten las cuchillas del manguito al completarlo, así como al formarlo.

Acabado

-Cuandoel tablero se seque, sácalo de las abrazaderas y utiliza una lijadora de banda para alisar las zonas de la superficie superior e inferior.

-Corta la tabla a la medida utilizando una sierra de mesa o circular. Si utilizas una sierra de mesa, asegúrate de que la hoja reductora no sobrepase 1/4" sobre la tabla de corte para evitar el arrastre.

-Estamos utilizando una tupí o fresadora colocada sobre el borde en la superficie superior de la tabla de cortar.

-Utilizarun recubrimiento no tóxico como el aceite mineral para este proyecto.

6. Jardinera de cactus

Herramientas:

-Madera restaurada

-Sierra circular

-Ingleteadora

-Broca de fortificación o sierra de perforación

Chatarra de madera

Pasos

-Cogeun trozo de madera de desecho. Planea cortarla en una sección de 90 mm de alto y 100 mm de ancho utilizando una sierra circular.

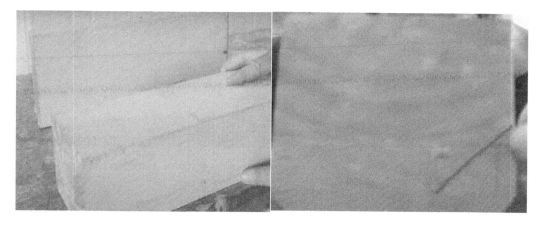

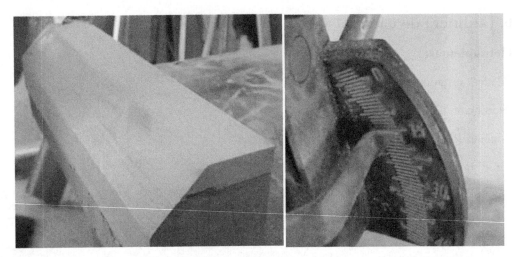

-En labase de la madera, haz una línea con una inclinación de 45 grados a la altura de 25 mm, como se muestra en la imagen anterior.

-A continuación, tenemos que cortar la maceta de cactus a la medida (340 mm) utilizando una ingleteadora, manteniendo 15 grados de inclinación de la sierra.

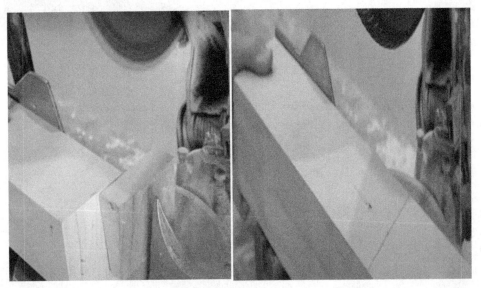

-Utiliza un taladro con una broca Forstner para hacer un agujero. También puedes utilizar una sierra de perforación. La profundidad será de 60 mm.

-Ahora, con una ingleteadora a 15 grados como se hizo antes, corta tres piezas del bloque de madera con tres agujeros.

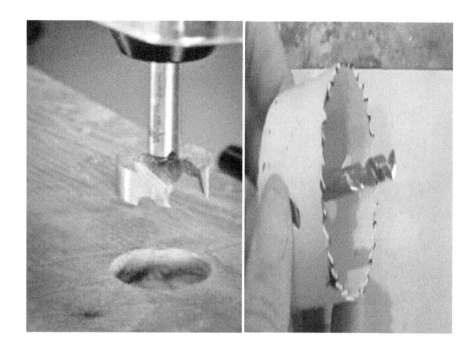

-Lijalas piezas de madera, aplica la pintura y planta el cactus, como se muestra a continuación.

7. Portavelas

Materiales y equipos

-Madera: Encuentra algunas piezas/tablas de madera de desecho, no demasiado gruesas (< 1/2" es más sencillo de cortar). Necesitas tener al menos dos colores (mejor tres o más) para mezclar con el contrachapado.

-Adhesivo de madera

-Broca Forstner: Para taladrar el agujero para el tamaño de la vela requerido

-Taladro eléctrico

-Unasierra: Sierra de calar o de mesa

-Bloque de lijado

-Papel de lija: 60, 100 y 200 (o granos comparables).

-Barniz transparentey pintura

-Escuadras

-Unacuña será ciertamente valiosa pero no es necesario

-Algunas abrazaderas también serían útiles pero no esenciales

Planificación de la dimensión

-Pregúntateexactamente qué tamaño/altura quieres para los soportes, ve qué dimensión permite la madera de desecho

 -Porejemplo, puedes hacerlas cuadradas, de unas 3" x 3", si las velas tienen un tamaño de 1 1/2".

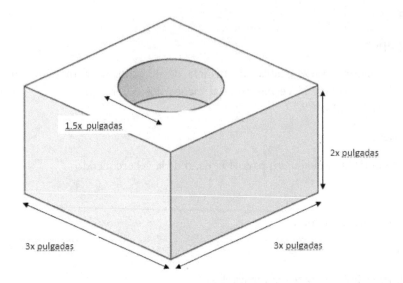

1.5x pulgadas

2x pulgadas

3x pulgadas

3x pulgadas

Corte de la madera

-Empieza haciendo un patrón con la cartulina

-A continuación,utiliza el patrón para trazar cuadrados iguales en cada elemento de madera.

-Ahora corta la madera: utiliza tu sierra o herramientas eléctricas para cortar los cuadrados

-Después decortar la madera, no lijes los bordes todavía, el encolado es lo primero

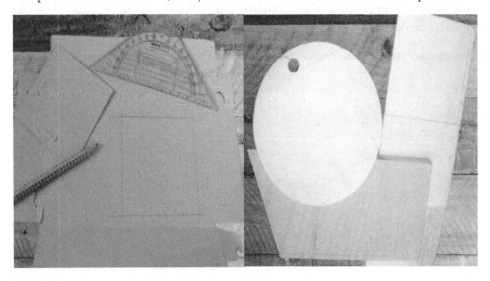

Encolado

-Corta los cuadrados del color deseado; pégalos uno encima del otro.

-El pegamento debe aplicarse en la cantidad óptima. Tanto el exceso como la falta de cola afectarán negativamente a la resistencia de la unión.

Lijado

-Dependiendode cómo se corte la madera, este proceso puede ser muy rápido o muy lento.

-Seempieza con el papel más áspero del bloque de lijado para dejar planas las cuatro superficies laterales; después se pasa al papel de lija medio y se repasan las mismas superficies.

-Mientras lijas, comprueba siempre si tienes ángulos rectos, hazlo con una escuadra.

-Marca las zonas en las que necesitas lijar más madera y hazlo.

-Utilizael papel más fino para que todas las superficies y lados sean lisos.

Perforación

-Acoplala broca Forstner a tu taladro.

-Hazdos líneas diagonales y localiza el centro en el cuadrado superior.

-Sisólo tienes un taladro de mano, ten cuidado de mantenerlo lo más vertical posible, mira desde diferentes direcciones para examinar si está en posición.

-Después, utiliza el papel de lija fino de nuevo para alisar el borde del agujero.

Pintura.

-Utiliza un pincel para añadir la capa transparente a la madera, lee las instrucciones del bote/botella para saber cuándo está completamente seco.

-Cuando la primera capa de barniz esté completamente seca, utiliza un papel de lija 400 para alisar las zonas de la superficie una vez más; después, aplica una capa adicional de barniz.

-Deja quese seque una vez más.

-¡Has terminado!

8.Taza de madera

Materiales y equipos

-Utiliza desechos de madera

-Cinta de lijado

-Taladro eléctrico

-Papel de lija

Pasos

Conseguir la madera

Para tu taza, puedes utilizar un trozo de cedro muerto de tu jardín.

Formación

Esta acción consiste en serrar los salientes y hacerla lo más semirredonda posible. Para ello utilicé una sierra normal y una pinza.

Lijado con banda

Este paso siguiente puede omitirse dependiendo de lo simétrico que sea el corte; sin embargo, esto hace que los puntos sean menos complicados. Todo lo que hice fue pasarlo contra la cintalijadora para afinar un poco más la forma.

Justo aquí es donde la taza empieza a tomar forma.

Si no tienes un torno para formar la taza, utiliza un taladro. En primer lugar, utiliza un tornillo y corta la cabeza con una sierra de acero.

A continuación, aprieta este tornillo con el taladro como si fuera una broca.

A continuación, introduce el tornillo en el centro de la taza. Dibuja la dimensión del círculo que quieres que tenga la taza.

Luego, enciende el taladro lentamente mientras se sujeta con una mano para controlar el ritmo y, con la otra, se sostiene el papel de lija hasta la taza.

Ten siempre presente que debes poner un cristal inastillable y asegurarte de que la madera está protegida. Si no lo haces, la madera podría salir volando y herir a alguien. Además, utiliza guantes para evitar cualquier lesión en la mano.

Retirada de la madera central

Este es uno de los componentes que más tiempo lleva, pero es la única manera que se me ocurrió con los dispositivos que tenía a mano. En primer lugar, perforé varias aberturas justo en la taza para facilitar la extracción del centro.

Asegúrate de que no perforas demasiado profundamente, para lo que deberás tapar la broca del tamaño que quieras perforar. Después, utiliza una navaja. Después, utiliza una Dremel. Si no tienes una, es probable que te lleve más tiempo.

A continuación, utiliza un papel de lija de grano fino para que las paredes de la taza sean lo más finas posible.

Lijado de grano

Ya casi está. A continuación, simplemente repásalo con papel de lija y déjalo tan suave como puedas con el papel de mayor grano posible.

Completar la taza

Se pueden utilizar muchos acabados, pero yo elegí el aceite de nuez y la cera de abejas por un par de factores. El número uno es que desarrolla un sello impermeable para la madera.

Conseguí ambos en línea por un par de dólares. Por lo general, hago uso de una toalla de papel para colocar una capa de aceite de nuez en la madera, y después de eso, deja que se seque durante la noche. Para la taza, puse tres capas y luego apliqué una capa de cera de abejas.

9. Peine de madera

Materiales y equipos

-Madera de desecho

-Serrucho

-Papel de lija

-Cera de abeja

Preparación de la madera

Selecciona la madera que deseas utiliza para esta tarea y prepárala cortándola a medida. Pasa la madera por la cortadora para obtener el grosor deseado.

Lijado

A continuación, lijatu artículo hasta el grosor que prefieras para tu peine.

Aplicatu diseño de peineta

Cuando tu pieza haya sido lijada y cortada a la medida, utiliza una plantilla de la forma que te gustaría cortar tu peine. Puedes encontrar las plantillas en Google buscando "Comb Clip Art" y después pegar los patrones con adhesivo en spray.

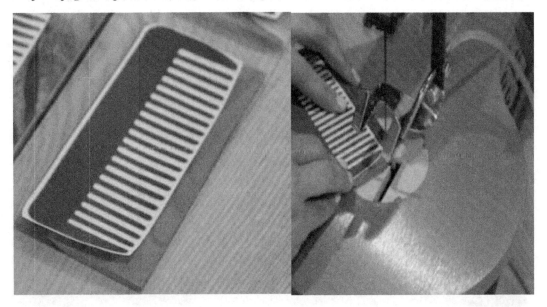

Corta y forma los peines.

Corta los peines utilizando una sierra de marquetería o una sierra de calar y después lija, da forma y afina tus peines. Es necesario trabajar entre el lijado y el grabado con una herramienta rotativa para conseguir la forma final.

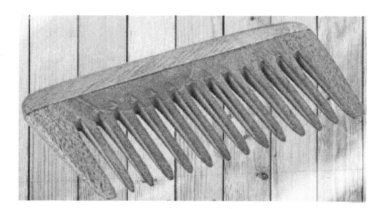

Completa la peineta

Una vez formadas las piezas, líjalas con grano 400 y complétalas con un **acabado apto para alimentos. (Consulta más abajo sobre el acabado apto para alimentos)**

Acabado apto para uso alimentario

1.Aceite mineral.

2. Cera de abejas.

3.Aceite de nuez.

4.Cera de carnauba.

5.Aceite de tung puro.

6.Aceite de linaza.

7.Aceite de coco fraccionado.

8.Shellac.

10. Tablero de solitario

Materiales y equipos

-Plantilla imprimible gratuita

-Sierra

-3/4" Broca Forstner

-Broca con núcleo de -1".

-Broca con cojinete de ½"

-Broca espiral

-Madera de desechocon forma -16" x 16" cuadrada

-Pieza de madera contrachapada de 1/4" de 12 " x 12"

-Mármoles

Imprime el diseño gratuito

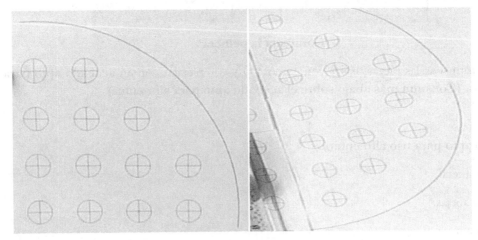

Busca la plantilla en Internet, selecciona la que más te guste e imprímela.

Aplica cola a la madera en bruto

Puedes utilizar cualquier producto que tengas siempre que tenga un grosor mínimo de 3/4". Esta sería una excelente oportunidad para utilizar algunos restos. El espacio debe ser de 16" x 16" cuadrado.

Utilizala plantilla imprimible para hacer una plantilla de madera contrachapada

Dibuja la plantilla de papel en un trozo de madera contrachapada de 1/4". Utiliza un punzón central en todos los agujeros para marcarlos para la perforación posterior.

Perfora agujeros en la plantilla de diseño de madera contrachapada

Usando una broca Forstner de 3/4", taladra la madera contrachapada en todas las marcas hechas en el paso anterior

Haz el pozo exterior para las canicas

Usamos una broca Forstner de 3/4" con el contrachapado en todas las marcas hechas en el paso anterior.

Utiliza una broca de núcleo de 1" en una fresadora de inmersión fijada a una plantilla de corte de círculos. Establece la broca, de modo que el centro de la misma esté a 6" del punto de pivote de la plantilla.

Ajusta la profundidad para cortar a 1/4" de profundidad, y luego haz pasadas superficiales hasta alcanzar esa profundidad.

Corta el tablero de juego en forma de círculo

Cambia a una broca espiral y reajusta el factor de pivote de la plantilla de corte de círculos para eliminar un círculo de 15".

Haz los orificios para sostener las canicas

El siguiente paso es elaborar todos los pozos para sostener las canicas.

Para ello, coloca el trazado de la madera contrachapada en el tablero, haciendo uso de cinta adhesiva de doble cara. Después de eso, usa una broca de núcleo de 1/2" para producir todos los pequeños pozos en el tablero. Establece la profundidad de la broca para cortar 1/4" de profundidad, al igual que el pozo externo.

Consejos finales y conclusión

¿Qué te ha parecido el libro hasta ahora? Espero que tengas una idea general del alcance, los procesos y las herramientas de la carpintería.

Es un tema muy amplio con muchos subnichos dentro de él. Los profesionales parten de un enfoque genérico y se especializan en una determinada vertical de la carpintería.

Antes de concluir, me gustaría discutir algunos puntos más críticos, que son acerca de cómo practicar la carpintería con seguridad mientras se está empezando. Es como si hubieras asistido a una clase de carpintería, ¡qué instrucciones habrías recibido en las primeras clases!

Al principio de mi andadura en el mundo de la madera, asistí a algunas clases preparatorias. Pocos aprendizajes se quedaron conmigo durante mucho tiempo.

Concepto de amigo y enemigo

Amigo:

- Buena iluminación
- Área de trabajolimpia
- Buena ventilación
- Aplicadores de acabadosfinos
- Equipo de seguridad

Enemigo:

- Serrín
- Áreadesordenada
- Repisassucias
- Distraccionesmientrasusa las herramientas

Instrucciones antes de comenzar con cualquier proyecto

-Planificade antemano y luego trabaja según tu plan, evita ir con la metodología de la corriente. Deberías haberlo visualizado antes de coger las herramientas. Ensaya siempre los cortes hasta que te sientas seguro y recuerda la regla de oro: "Mide dos o tres veces antes de cortar una".

-Siempre hay que estar concentrado mientras se utilizan las herramientas, y la falta de concentración o cualquier tipo de distracción puede causar lesiones.

Antes de empezar, buscatornillos o clavos en la madera y evita también utilizar madera verde.

-No utilices la mano para limpiar el serrín, las virutas y el material de desecho, utiliza en su lugar un cepillo de mano.

-Mantén el teléfono móvil apagado o en silencio. La idea es que no te distraigas mientras utilizas cualquier herramienta.

-Mientraslevantes algo, no te esfuerces y mantén siempre la espalda recta.

-Elmaterial de acabado es altamente combustible o propenso a incendiarse. Por lo tanto, utilízalos de forma segura y ten en cuenta que debes mantenerlos alejados de las herramientas calientes o de las llamas. Los mismos consejos para las alfombras y el cepillo se aplican.

Utiliza las herramientas eléctricas de forma segura

El primer consejo de seguridad que recibí fue: La seguridad de la herramienta depende de tu enfoque.

A continuación, los consejos de seguridad para el uso de las herramientas para trabajar la madera.

-Mantén siempre colocadas las protecciones de las máquinas

-Recuerda tener un tamaño de madera adecuado para un corte. Una más grande o más pequeña puede causar un accidente.

-Aprende colocar las manos correctamente: Sujeta la madera con firmeza; no empuje la madera con fuerza hacia la hoja.

-Cuida tus dedos y mantenlos limpios.

-Regla de oro: Las herramientas más afiladas son más seguras que las desafiladas: Las herramientas sin filo requieren una presión adicional, lo que provoca resbalones y accidentes.

-Por último, aprende a involucrar todos tus sentidos con el oficio.

Con esto cerramos nuestro debate. Espero que les haya gustado el contenido. Te agradecería que compartieras tus comentarios y opiniones en la plataforma. También puedes ponerte en contacto conmigo en valueadd2life@gmail.com.

¡Practica con seguridad! Stephen

Anexo

Anexo 1: Glosario de la carpintería

-Adhesivo: Material capaz de unir productos cuando se añade a una superficie. El pegamento y el cemento de contacto son ejemplos

-Abrasivo: Cualquiera de los papeles estratificados, textiles u otros productos (incluyendo la piedra pómez, la piedra podrida y la lana de acero) utilizados para el alisado de la madera o el alisado entre capas de las superficies.

-Acetona:Disolvente líquido anémico que se suele utilizar para la limpieza de superficies y la eliminación de pinturas y acabados.

-Azuela: Aparato parecido a un hacha que se utiliza para dar forma y apariencia a la madera, así como a los tablones.

-Cola de resina alifática: Un adhesivo sólido y de secado rápido, más comúnmente llamado adhesivo para madera o cola de carpintero.

Amperio: Unidad de dimensión del presente eléctrico, comúnmente vista en su forma abreviada (amp).

-Apronación: La parte de una mesa que conecta la superficie del tablero con las patas.

-Arbor: Perno o eje en el que se puede conectar una herramienta, como una broca de fresadora o una hoja de sierra de mesa.

-Regla de arquitecto: También llamada escala de arquitecto, es una regla triangular con unidades de medida marcadas en cada borde.

-Sierra demano: Una sierra de mano con un nervio inflexible a lo largo de la parte trasera de la hoja, frente al filo de corte, para evitar que se doble y permitir un proceso de aserrado estable.

-Sierra de cinta: Es una sierra eléctrica que utiliza una hoja de acero dentada en un conjunto continuo o en bucle.

-Abrazadera de barra: Tipo de abrazadera con una barra larga que extiende dos mordazas de sujeción, utilizada para sujetar productos grandes.

Madera de bajo: Madera blanda y fina que se utiliza con frecuencia en la escultura.

-Bisel: Se utiliza para cortar un trozo de madera a un borde inclinado; un trozo de madera en ángulo cortado a una dimensión además de 90 grados.

Galleta: Pequeño trozo de madera que se introduce en los agujeros o puertos de los elementos de madera, uniendo así ambos.

-Junta de tope: Una junta básica, aunque débil, para trabajar la madera, generalmente establecida como de extremo a extremo.

-Sierra de gabinete: Una sierra de mesa de calidad industrial, que suele consistir en un gran motor junto con los muñones unidos, y también una base cerrada.

-Ebanista:Carpintero profesional que desarrolla muebles hermosos.

-Sierra de inglete compuesta: Es una ingleteadora eléctrica que gira sobre un eje y brazo. Algunas sierras de inglete compuestas, llamadas ingleteadoras compuestas deslizantes, se deslizan a lo largo de carriles.

-Corte transversal: Se refiere a cualquier corte que se realiza con un posicionamiento vertical a la veta de la madera, al acto de realizar dicho corte, y también a la madera que ha sido cortada de tal manera.

-Lista de control de corte: Lista extensa de los productos necesarios para completar una tarea, que consiste en los nombres de las piezas necesarias, así como las medidas de cada elemento, en algunos casos con un diagrama de los tableros necesarios.

-Cuchillo: Es un tipo de cuchilla con un mango en ambos extremos.

-Escuadra de ingeniero: Utilizada para mostrar 90 grados, una escuadra de ingeniero es una escuadra de acero de precisión con una hoja fija.

-Broca forstner: Herramienta que se utiliza para crear agujeros ordenados, de fondo plano, y también frecuentemente más grandes.

-Grano: Cualidades de una pieza de madera que describen su aspecto, figuración o porosidad.

-Ranura: Zanja de tres lados cortada en una tabla de madera que se hace a lo largo de la veta.

-Sierra de mano: Sierra de mano, a menudo utilizada para cortar aceros, que tiene un mango en un extremo y se sujeta en ambos.

-Cepillo de mano: Dispositivo de corte utilizado para cortar madera con una hoja mantenida en la zona en un ángulo pronunciado. Los cepillos de mano pueden venir en muchas variedades.

-Sierra de calar: Cuchilla motorizada y vertical utilizada para cortar diversos productos según el tipo de cuchilla utilizada.

-Ensamblaje: Acción de unir piezas de madera entre sí. Puede realizarse de varias formas, que consisten en utilizar cola y fijaciones mecánicas o, más típicamente, en entrelazar juntas de madera coincidentes.

-Corte: El exceso de madera eliminado por una hoja de sierra entre la pieza de madera y el recorte.

-Reversa: Acción inversa que se observa en las máquinas para trabajar la madera cuando lanzan una superficie de trabajo hacia atrás en la dirección del operador.

-Junta de solapa: Junta que se utiliza para mejorar el borde de un marco. Ubicada en la esquina (solapa del extremo), en el medio de una pieza (solapa en T), o en el medio de 2 elementos (solapa en X), esta junta ofrece una resistencia adicional que una junta mejorada, pero es más débil que una junta de mortaja y espiga.

-Tablero de fibra de densidad media: Abreviado MDF, un producto de ingeniería que incluye fibras de madera que se encolan bajo calor y presión.

-Inglete: Superficie que desarrolla el borde biselado de una junta.

-Ingleteadora: Sierra eléctrica que corta ingletes, similar a una sierra circular.

-Lijadora orbital: Lijadora que aprovecha la potencia del motor para desarrollar círculos diminutos, lo que permite al papel de lija desgastar una superficie.

-Cepilladora: Dispositivo eléctrico utilizado para cepillar la madera o hacer que la pieza de madera se cepille según el grosor requerido.

-Puntos por pulgada: Medio para identificar las hojas de sierra.

Junta de rabillo: Junta básica para la estructura de cajas, que permite una mayor resistencia que la junta a tope al añadir una superficie de encolado adicional que asegura contra el debilitamiento.

-Sierra de mesa: Sierra redonda estacionaria accionada por un mecanismo que se aloja debajo de la mesa en la que se corta la pieza.

-Tenón: Lado rebajado que se utiliza introduciéndolo en un rebaje correspondiente, comúnmente llamado mortaja.

-Cuneta: Pequeña pieza de madera cortada que se sujeta en una hendidura cortada en el tramo largo de una pieza de madera denominada espiga pasante.

Anexo 2: Tabla de adhesivos

ADHESIVES CHART

MATERIALS→	Paper	Fabric	Felt	Leather	Rubber	Foam	Styrofoam	Plastic	Metal	Ceramic	Glass	Balsa	Cork	Wood
Wood	W	C/W	Sp/C	W/C/Ca	C/Ca	C	2K/H	L/C	2K/C/L	C/Ca	C/Ca	W	W	L/W
Cork	H/W	H/L	W	Ca/C	Ca/C	2K	W	L/Ca	C/Ca	L/Ca	Si	W	W	
Balsa	W	H/W	W	Ca/C	C/Ca	C	2K/H	L/Ca	2K/Ca	L/Ca	C/Ca	W		
Glass	A/W	A	A	A/Ca	Ca	Sp	2K/Sp	C/L	2K/C	2K/C/L	2K/L			
Ceramic	A/H	Ca/A	Ca/A	Ca/A/C	C/Ca	A	Ce/C	L/Ca/C	2K/C/L	Ce/Ca				
Metal	A/H	A	C	C/Ca	C/Ca	C	2K/H	2K/C	2K/C					
Plastic	H/Sp	Sp/C	Sp/C	Sp/Ca	C/Ca	Ca	Ca/C	L/Ca/2K						
Styrofoam	Sp/C	A/H	Sp	A	L	L/A	A/Sp							
Foam	Sp	Sp	Sp	C	C	Sp								
Rubber	Ca/C	A/C	C	Ca	Ca									
Leather	F/Sp	F	2K	C/F										
Felt	A/H	F/H	H/F											
Fabric	A/H	F/H												
Paper	A/W													

Legend:

- **A** All-purpose-glue
- **F** Fabric glue
- **Sp** Spray adhesive
- **H** Hot glue
- **C** Contact adhesives
- **L** Construction adhesive (Liquid Nails, Loctite)
- **Ce** Ceramic glue
- **Si** Silicone
- **W** Wood glue
- **Ca** Cyanoacrylate (super glue)
- **2K** Two-component adhesive

Anexo 3: Fuentes de ideas libres de diseño/disposición/proyecto

1. https://www.rockler.com/free-woodworking-plans

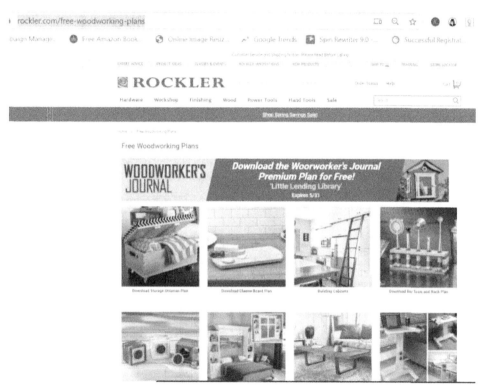

2. https://www.woodsmithplans.com/free-plans/

3. https://www.thesprucecrafts.com/free-woodworking-plans-for-your-home-and-yard-1357146

4. https://www.canadianwoodworking.com/free-plans

5. https://www.finewoodworking.com/blog/free-woodworking-plans

Otros libros de la serie DIY

Manual de ensamblajeen madera para principiantes

La guía esencial de ensamblaje con herramientas, técnicas, consejos y proyectos iniciales

Stephen Fleming

Folleto adicional

Gracias por comprar el libro. Además del contenido, también proporcionamos un folleto adicional que consiste en un planificador mensual y una plantilla de calendario de proyectos para tu primer proyecto.

Contiene información valiosa sobre la carpintería y la marroquinería. Descarga el folleto en el siguiente enlace.

http://bit.ly/leatherbonus

¡Éxitos!

Tabla de Contenido

1. Prefacio

Este es el quinto libro de mi serie de manualidades después del **Manual de Carpintería para Principiantes**. Este libro lleva la discusión sobre el trabajo de la madera un paso más allá con un enfoque en varios tipos de carpintería y sus aplicaciones.

Cuando empecé a trabajar con madera, buscaba desesperadamente una guía sobre los procesos y las herramientas que necesitaría.

El contenido que encontré en Internet era una sobrecarga total de información y ni siquiera se presentaba de forma secuencial. Los libros que consulté se centraban en unos pocos procesos o daban por sentado que yo ya tenía la información necesaria. Además, muchos de los libros estaban muy anticuados.

Hay dos formas de aprender; una es aprender de los expertos en la materia con años de experiencia, y la otra es la de las personas que van unos pasos por delante de ti en su travesía.

Yo pertenezco a este último grupo. Llevo cinco años en esta afición y sigo aprendiendo de los expertos.

Todavía recuerdo las dudas iniciales que tenía y los consejos que me ayudaron.

Este libro es para aquellos que todavía están en su primera vuelta (0-3 años) en la artesanía de la madera y quieren tener una idea global de los procesos yherramientas que necesitarán para sus trabajos. El libro también habla del ensamblaje japonés y CNC.

He incluido fotografías de proyectos realistas para principiantes, y explicaré el proceso y los procedimientos operativos estándar asociados a ellos.

En el último capítulohe incluido un glosario de términos de ensamblaje en madera.

Éxito, y empecemos el viaje

Stephen Fleming

2. Fundamentos del ensamblaje en madera

¿Qué es el ensamblaje? Una definición

El ensamblaje es una parte fundamental del trabajo de la madera que puede encontrarse prácticamente en todas partes en la fabricación de muebles, ventanas, puertas y revestimientos de suelos.

Aunque su función vital es mantener la madera unida con firmeza, también puede utilizarse para hacer más atractiva la pieza de madera.

El ensamblaje puede consistir en un simple proceso de clavado o encolado de la madera, o bien en una unión mucho más compleja de dos piezas de madera.

El equipo evalúa la técnica de ensamblaje

A continuación, algunas definiciones para aclarar las cosas:

- *El ensamblaje esuna parte del trabajo de la madera que consiste en unir piezas de madera o aserrado, para producir piezas más complejas.*
- *Algunasuniones de madera emplean cierres, fijaciones o adhesivos, mientras que otras sólo utilizan elementos de madera.*
- *Lascaracterísticas de las uniones de madera, resistencia, flexibilidad, dureza, aspecto, etc.se derivan de las propiedades de los materiales implicados y de la finalidad de la unión.*
- *Por lo tanto,seutilizan diferentes técnicas de ensamblaje para satisfacer diferentes requisitos.*

Referencia:(https://en.wikipedia.org/wiki/Woodworking_joints)

Carpintería vs. Ensamblaje

Mucha gente no está segura de la diferencia entre un carpintero y un ensamblador. Si necesitas realizar una tarea que implique madera, ¿a quién debes llamar?

Ambos comparten numerosas cualidades; sin embargo, se describen de forma diferente, dependiendo de la zona: en el sur de Inglaterra se suele utilizar el término "carpintero", mientras que en el norte de Inglaterra se suele decir "ensamblador". Ambos son profesionales del sector de la construcción, y ambos trabajan principalmente con la madera.

Ensambladores

Un ensamblador es un artesano que fabrica o une la madera, generalmente en un taller, mientras que un carpintero construye las piezas de madera in situ. En términos sencillos, un carpintero fabrica la madera que un ensamblador fija in situ. Por lo tanto, un carpintero suele estar relacionado con la fabricación de puertas, ventanas, escaleras y muebles equipados, que normalmente se realizan en un taller fuera de la obra porque se necesita maquinaria pesada.

Carpinteros

Un carpintero suele ser un experto en aspectos más destacados, como la construcción de armazones para tejados, trabajos con montantes y suelos in situ, cortando y encajando piezas, haciendo uso de una serie de materiales y dispositivos. Los carpinteros son responsables de montar y construir una estructura.

Ensamblaje a medida

El término "a medida" se refiere a la creación de algo basado en las especificaciones únicas de alguien. Los muebles comprados en tiendas, como armarios, estanterías, sistemas de televisión e incluso roperos, no pueden personalizarse y, por tanto, no se adaptarán a los matices de una habitación. El ensamblaje a medida también añade valor a tu casa.

Breve introducción al proceso de ensamblaje

El ensamblaje consiste en unir piezas de madera. Los tipos de uniones implican:

Sujetadores

- Tornillos(abiertos, tapados, con cabeza).
- Tornillos de bolsillo.
- Clavos (de martillo y también neumáticos).

Fijaciones

- Correas metálicas, esquinas metálicas, esquinas.
- Material delas correas: tela, cuero natural.

Adhesivo

- Pegamento para madera: El pegamento crea una fijación más robusta.
- Inflamacióncon agua.

Aspectos de la madera

- Clavija: Una varilla de madera colocada justo en los dos bloques de madera contiguos.
- Galleta: Una pequeña pieza de madera en forma de galleta se coloca en las dos piezas de madera contiguas.
- Lengüeta: Comparable a la galleta, sin embargo, la"lengüeta" recorre todo el tamaño de la junta.
- Bloques de esquina: Bloques cuadrados o triangulares colocados en una junta para unir ambos bloques de madera.

Uniones de uso común en el trabajo de la madera:

Junta de tope: Una pieza de madera se une a otra parte de la madera. Es la unión más sencilla y también la más débil.

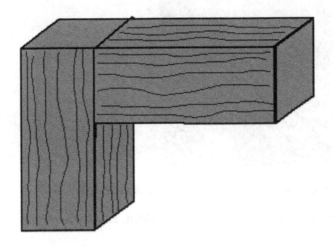

Junta de tope

Unión a inglete: Comparable a una unión a tope, la única diferencia es que ambas piezas se han colocado en un ángulo de 45 grados.

Junta a inglete

Juntas de solapa: Una madera se superpone a la otra, como se muestra a continuación.

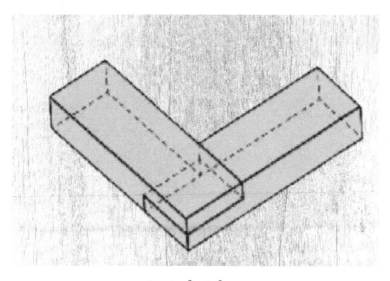

Junta de Solapa

Junta de caja: También llamada de dedos, se utiliza para los bordes de las cajas. Incluye varias uniones solapadas en los extremos de dos tablas.

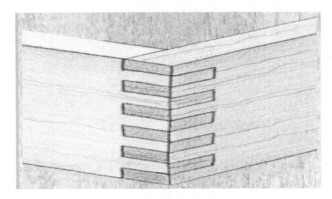

Junta de caja o de dedos

Junta de cola de milano: Un tipo de unión de caja en la que los dedos se fijan mediante cortes diagonales.

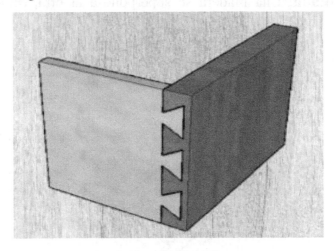

Junta de cola de milano

Junta en veta: Se corta una abertura a lo largo de la veta de una pieza para que otra se introduzca en ella. Por ejemplo, los estantes de una librería tienen orificios cortados en los laterales.

Junta de veta

Junta de ranura: Se corta una ranura con la veta. Después, una pieza se fija con la otra a lo largo de las ranuras.

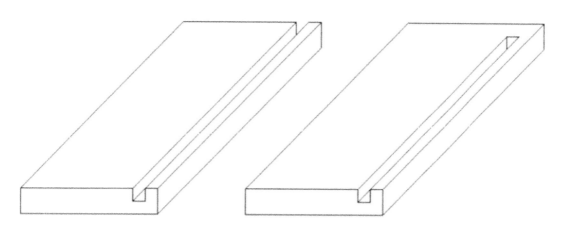

Junta de ranura

Lengüeta y también ranura: Cada madera tiene una ranura cortada completamente a lo largo de un lado, y una cresta estrecha y profunda (la lengüeta) está en el lado opuesto. Si la lengüeta no está unida, se trata de una junta estriada.

Mortaja y espiga

Mortaja y espiga: Una pieza (la espiga) encaja perfectamente en un orificio hecho para ella (la mortaja). Esta es una característica de los muebles de estilo *Mission* y también es el enfoque tradicional para la unión de los marcos y los paneles en puertas, ventanas y armarios.

Encuadrado de la madera

Para que la madera se una correctamente, hay que tomar medidas cruciales para garantizar una resistencia óptima, así como la integridad, la simetría adecuada y la estética visual. Una de ellas es el encuadrado de la madera.

Defectos naturales de la madera

Veta: Es la visibilidad de la corteza o la ausencia de fibra de madera a lo largo de los bordes de una pieza de madera. No afecta a la resistencia. Sin embargo, está restringida en la madera de enmarcado debido a la falta de un lado de clavado.

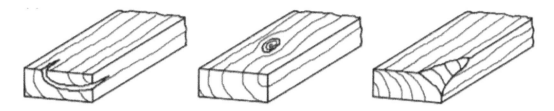

Grieta: Se trata de una hendidura longitudinal en la madera, que se produce entre los anillos de crecimiento anuales o a través de ellos. La grieta suele producirse porque el árbol se agita con el viento.

Nudo: Uno de los atributos de clasificación más notables es el nudo, que es una imperfección en la madera. Los nudos afectan a la resistencia de la madera.

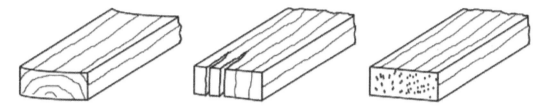

Defectos estacionales

Agujero: Si un nudo se desarrolla a través de la pieza de madera, se crea una abertura. Las aberturas también pueden ser creadas por criaturas naturales o durante el proceso de fabricación. La abertura puede extenderse totalmente a través de la madera o sólo parcialmente, lo que suele describirse como un agujero superficial. Un agujero y un nudo del mismo tamaño afectarán a la madera de la misma manera.

Defectos estacionales

Encuadrado la madera

El término "encuadrar" describe un ángulo perfecto de 90°. En pocas palabras, cada cara de la madera es de 90° a la cara circundante. Cuando la madera se alinea, si es cuadrada, los dos tipos de madera crearán ángulos ideales entre sí.

No debe verse ninguna luz entre las tablas. Esto asegura que el adhesivo está adecuadamente asentado sin ningún tipo de huecos.

El encuadrado de la madera comienza con la ensambladora. Aplana primero las caras y luego los costados. En cuanto un lado esté aplanado, utiliza la sierra de mesa para encuadrar el último borde. En cuanto los lados de las dos maderas estén encuadradas, puedes empezar a añadir el pegamento.

Alineando el grano:

Al encolar dos bloques de madera a lo largo de un lado, utiliza patrones de vetas alternas. Esto protege contra el ahuecamiento de la madera construida.

3. Herramientas de carpintería

Sujetadores

Un elemento de fijación metálico es un tipo de herramienta, como un clavo o un tornillo, que une o fija dos o más maderas. Los elementos de fijación de acero más comunes utilizados en la carpintería son:

1. Clavos (de martillo y también neumáticos).
2. Tornillos para madera (abiertos, conectados, rematados, masilla).
3. Pernos.
4. Tornillos de bolsillo.

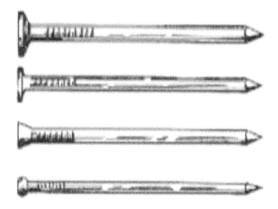

Tipo de clavos: De arriba a abajo: Usuales/generales, de caja, de revestimiento, de acabado

Clavos:

Hay muchos tipos de clavos que se utilizan en la carpintería: Dos de ellos son:

- Usuales/generales
- De acabado

Los clavos generales tienen una cabeza plana y se utilizan en proyectos de construcción.

Los clavos de acabado tienen una cabeza pequeña y están diseñados para "perforar" o penetrar en la madera con un dispositivo llamado abridor de agujeros. Al hacerlo, el clavo se introduce a presión en la madera y se aplica masilla sobre él. Esta "masilla" oculta el clavo a la vista y también ayuda a conservar su color natural.

Tornillos para madera:

A diferencia de los mangos lisos de muchos clavos, las fijaciones con tornillos tienen un vástago roscado con espirales mecanizadas en forma de que el tornillo pueda introducirse o extraerse girando la cabeza.

Hay dos tipos de rosca típicos, la rosca gruesa y la rosca fina. Las espirales de rosca gruesa están más separadas y son mucho más profundas que las espirales de rosca fina y deben utilizarse en maderas blandas.

Como el grano de la madera dura está mucho más comprimido, deben utilizarse tornillos de rosca fina.

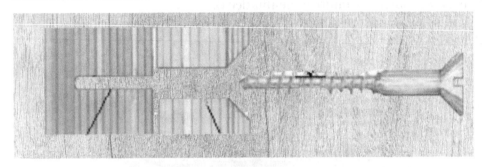

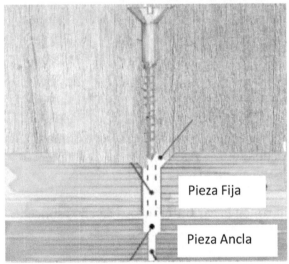

Pieza Fija

Pieza Ancla

Pernos:

Los pernos no son como los tornillos o los clavos, ya que no se clavan en la madera. En su lugar, hay que perforar un agujero de acuerdo con la dimensión del perno en las dos piezas de madera que se van a unir.

Tornillos de bolsillo:

Los tornillos de bolsillo reciben su nombre del hecho de que están empotrados en la madera en un avellanado angular llamado bolsillo. Ofrecen una unión rápida, sólida y uniforme.

Hay poca diferencia entre un tornillo de bolsillo y un tornillo básico para madera, aunque la cabeza es más grande y no cónica, y la punta del tornillo está hecha para roscarse a sí mismo.

Las aberturas de bolsillo se construyen con una plantilla, un dispositivo utilizado para sujetar la madera.

Tornillos de bolsillo

Estrías y varillas

También se pueden colocar varillas de madera o estrías, que se encolan y se fijan posteriormente para proporcionar dureza a las juntas de madera.

Las varillas estándar, así como las uniones estriadas, son:

- **Juntas con espigas**: Se coloca una varilla de madera, llamada espiga, que se encola en ambos bloques de madera y se sujeta. Antiguamente se utilizaba agua en lugar de cola. Esto se debe a que el agua hace que la madera se hinche, por lo que la espiga se hincharía en la madera, asegurándola.

- **Juntas de galleta**: Después de cortar una ranura justo en los dos bloques de madera que se van a unir, se cubre con adhesivo una galleta de madera ovalada, muy seca y prensada (generalmente construida con madera de haya) y también se coloca en su lugar. A continuación, los tableros se sujetan entre sí hasta que la unión sea completa.

- **Juntas de lengüeta**: Una lengüeta es una pieza fina de madera que se inserta justo en dos orificios coincidentes cortados en las juntas de madera, de forma muy parecida a una galleta. Normalmente se añade un listón para embellecer el trabajo.

Pegamento y abrazaderas

La sujeción y el encolado es el proceso para fijar la madera con la fuerza y la adherencia necesarias para garantizar unas juntas fuertes.

Para ello se utilizan abrazaderas y cola para madera. Es sorprendente que, al pegar la madera, se desarrolle una unión más fuerte que la de la madera.

Sólo este hecho hace que el encolado sea una alternativa válida a tener en cuenta a la hora de unir piezas.

Se pueden utilizar otras técnicas para ayudar en el proceso, como galletas, tacos, clavos y tornillos, pero no hay que subestimar una junta a tope adecuadamente encolada.

El método de encolado:

Antes de pegar, asegúrate de tener todos los dispositivos y herramientas necesarios sobre la mesa.

En primer lugar, decide qué tipo de abrazadera vas a utilizar. Una abrazadera es una herramienta que se utiliza para mantener unidas dos piezas de madera.

Hay muchos tipos diferentes de abrazaderas, y todas ellas varían en el nivel de presión que pueden aplicar.

Diferentes abrazaderas

A continuación se muestran las abrazaderas de madera más populares:

- Barra de sujeción
- Pinza de maderao pinza de tornillo manual
- Abrazadera en C
- Abrazadera por resorte
- Abrazadera de tornillo
- Correao banda
- Sujeción de palanca
- Abrazadera de tubo
- Abrazaderade barra con una sola mano
- Abrazadera a inglete

El tipo de abrazadera que selecciones se basará en la dimensión y la cantidad de presión que necesites. Las abrazaderas de tubo, por ejemplo, son largas y tienen la mayor fuerza de arranque. Por otro lado, las abrazaderas de muelle son pequeñas y tienen menos fuerza de compresión.

En cuanto haya identificado la abrazadera para su tarea, sólo tiene que salir a buscarla. Un dispositivo de sujeción es cualquier tipo de artilugio útil para el procedimiento de encolado.

A continuación, se muestran algunas herramientas de sujeción:

- **Abrazadera**: Tablas rígidas de madera que sujetan los encolados de los paneles, una encima de otra, para mantener la alineación de las tablas específicas.

136

- **Papel de cera**: Evita que las maderas se peguen a la mesa.
- **Escuadra**: Permite ver si la madera es cuadrada (90 °).
- **Toalla de papel mojada**: ¡El exceso de pegamento es el enemigo!

4. Tipos de juntas–Detalles

1.Junta a tope-Básica

Las juntas a tope son uno de los métodos más básicos para conectar dos piezas de madera. Además, aunque no es la más resistente de las uniones, es útil en algunas situaciones.

Como se muestra en la imagen, una junta a tope es aquella en la que una pieza de madera se junta con otra y se une con adhesivo.

Los tornillos o clavos suelen mejorar la unión.

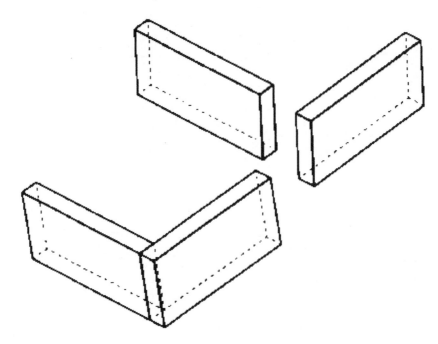

Junta de tope básica

Los cortes cuadrados son la clave:

El truco para conseguir una unión a tope de alta calidad es asegurarse de que las dos tablas se cortan lo más cuadradas posible. La mejor manera de hacerlo es con una sierra de inglete, aunque se pueden obtener resultados de gran calidad utilizando una sierra circular y una escuadra de diseño, siempre que el ángulo de la hoja de la sierra circular esté ajustado a cero grados.

Tipos de juntas a tope

El pegamento ofrece resistencia:

La fuerza de una unión a tope proviene del pegamento de la unión.

Sin embargo, hay dos problemas con el uso de pegamento como único método para mantener la conexión.

Al principio, cuando la cola se aplica en la parte final de la veta de una tabla, tiende a saturarse en la madera mucho más que cuando se aplica a lo largo de la veta. La veta final es la parte más porosa de la madera, por lo que es posible que tengas que aplicar un poco más de adhesivo.

Si utilizas madera dura, asegúrate de perforar previamente los agujeros piloto antes de colocar los tornillos en la junta.

Resistencia general de la junta de tope

La resistencia de la unión depende de la rectitud del lado (no necesariamente de la escuadra) y del posicionamiento de las fibras de la madera.

Esta unión no requiere el uso de ningún tipo de máquina en sus partes. La única preparación requerida es el cepillado o la unión de los lados para su rectitud.

Con los adhesivos modernos, esta unión puede ser tan fuerte como la propia madera.

Una de las ventajas de la unión a tope es la rapidez. Sin embargo, sin una forma de unir los dos bordes para conseguir una unión nivelada, está limitado a unir piezas de no más de 48 pulgadas.

Formas de fortalecer la junta a tope

- Utilizarsoportes de hierro; las piezas de borde se pueden conseguir fácilmente en cualquier tienda de equipamiento.

- Las placas Tson excelentes si tus uniones están fuera de la vista.

Placa en T   Fuelle de madera contrachapada

- Elfuelle de madera contrachapada es también un excelente refuerzo para las juntas a tope.
- Estereforzador de carpintería es especialmente útil si haces cajas y armarios.

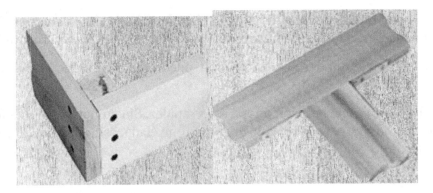

Bloque de madera   Placa de esquina

- Sesuele utilizar un bloque de madera para hacer más fuertes las estructuras de las mesas.
- Esunmétodo sencillo para hacer que tus bordes con juntas a tope sean lo suficientemente sólidos como para sostener las patas de la mesa.

2.Junta a tope a inglete

Una junta a tope es básica y consiste en piezas de madera que se unen a 90 grados. Sin embargo, no es una de las uniones más bonitas, ya que se ve la veta de una de las dos tablas.

Junta a inglete

Cuando quieras algo que parezca más bonito, prueba con una junta a inglete.

No será más duradera que una unión a tope convencional, pero tampoco se verá la veta final.

Los ángulos deben ser específicos:

Al igual que en el caso de una junta a tope fundamental, el elemento más importante para realizar una junta a tope a inglete es cortar los ángulos correctamente. Para ello, necesitarás una sierra de ingletes compuesta.

El primer paso es calcular el ángulo final de la unión y dividirlo por dos. Para una unión cuadrada (90 grados), tendrás que hacer un corte en ángulo de 45 grados en ambas tablas para permitir la unión.

Si las dos piezas tienen la misma anchura, los dos bordes deberían unirse sin problemas.

Esta junta podría utilizarse al construir otras juntas de otros ángulos. Por ejemplo, si se construyera una estructura de imagen de forma octogonal, cada uno de los ocho bordes tendría 45 grados (en lugar de los 90 grados del caso anterior). Por lo tanto, se cortarían ángulos de 22 1/2 grados en cada extremo para crear las juntas a tope.

El pegamento mantiene la unión:

Al igual que con una junta a tope, el adhesivo mantiene la unión.

No obstante, ambos lados de la junta adhesiva estarán sobre la veta final permeable. Es probable que tengas que utilizar aún más cola para madera que cuando se encola sobre la veta lateral.

CONSEJO: Ajusta en seco tus piezas antes de utilizar el adhesivo para estar seguro del ajuste final. Por ejemplo, si estás haciendo un marco de fotos, corta todas las longitudes y ángulos, y luego comprueba la estructura para que no haya ningún hueco entre las piezas de madera.

Ejemplo de mueble con junta a inglete

Utiliza pernos mecánicos para la resistencia:

Al igual que una junta a tope estándar, no hay mucha fuerza en una junta a tope a inglete.

Por lo tanto, es posible que desees reforzar la junta con clavos, clavijas o tornillos para proporcionar resistencia lateral a la junta.

Si se utiliza madera dura, hay que pretaladrar antes de montar los tornillos para evitar que se partan.

3.Junta de ranura

Una junta de ranura se crea cuando una ranura de madera se coloca y se pega en la ranura de otra junta de madera, normalmente una junta a tope, lateral o a inglete.

El estriado sirve para reforzar la unión y mantener ambas zonas alineadas. Esta pequeña mejora añade una resistencia sustancial a cualquier junta en la que se utilice.

El listón está hecho de madera contrachapada, madera dura o del mismo material que la junta que se está reforzando. Para obtener la máxima resistencia, la veta de la madera natural debe orientarse para asegurarse de que está alineada con la junta en la superficie de trabajo.

Los listones no deben forzarse nunca en las ranuras, ya que esto puede provocar que se deformen o se dividan. Por el contrario, deben deslizarse rápidamente, pero sin necesidad de moverla a los lados, para permitir un espacio adecuado para que el pegamento cree una unión sólida.

Ranura de inglete

La ranura de inglete es excelente para reforzar marcos de cuadros, marcos de espejos y marcos de caras de armarios que utilizan esquinas a inglete. Las cajas más pequeñas y atractivas pueden utilizar férulas tintadas de contraste con bordes a inglete para conseguir un efecto visual, además de reforzar las juntas.

Las estrías no suelen superar un tercio del grosor total de las piezas. Es ideal cortar la ranura sobredimensionada y luego recortarla y lijarla una vez que el adhesivo se haya secado. Se recomienda un ajuste en seco antes de pegar.

Ranura entre uniones a inglete

Las juntas de inglete tienen un aspecto fantástico cuando se utilizan colores contrastados. Un listón de color claro colocado en una madera más oscura atraerá la atención y resaltará la junta.

Ranura lateral

Las ranuras laterales se utilizan normalmente para hacer paneles más grandes a partir de varios tableros más estrechos.

La junta de ranura lateral más común tiene la ranura y el listón a lo largo de la pieza de madera.

Si el aspecto no es tan importante, la madera contrachapada es excelente. Si el aspecto es lo más importante, el listón puede fabricarse con la madera maciza que desees.

El estriado de borde parado es similar a una junta de dado de quita y pon porque la ranura se corta antes de la terminación de la tabla, aunque en ambos extremos en esta situación.

Por lo general, se utiliza para las tapas de las mesas de madera dura, así como para otros tipos de muebles para los que el artesano desea la fuerza adicional.

Se puede utilizar un simple listón de madera contrachapada sin que ello afecte al aspecto de la junta.

Como sabemos, la ranura se puede cortar con una sierra de mesa, esto es posiblemente mucho más fácil que utilizar una mesa de fresado con una broca de ranurado.

La utilidad de la junta de ranura

El objetivo es reforzar y enderezar los bordes. Se puede utilizar un listón como sustituto de otras opciones.

- Ranuraspara la resistencia: Se utilizan habitualmente para reforzar las uniones a inglete y a tope

144

- Ranurascomo acentos: Adorna una junta utilizando maderas contrastadas
- Elarmazón de la junta: Utiliza las proporciones adecuadas para garantizar la dureza y la seguridad.

4.Junta de media solapa

Se trata de una de las uniones más básicas para trabajar la madera. Hay veces que son la mejor opción para unir dos piezas de madera.

Una junta a media solapa es aquella en la que a dos bloques de madera, de la misma densidad, se les quita la mitad de la madera para garantizar que no se añada grosor en la junta.

Estas juntas funcionan bien para los enlaces en ángulo recto. A ambas tablas se les ha quitado material para que se unan sin problemas.

Cuándo utilizar las juntas de media solapa:

Estas uniones funcionan bien cuando se utiliza madera de uno a dos centímetros de grosor, como en las cómodas y mesas de trabajo, especialmente cuando se colocan cajones.

Las juntas a media solapaincluyen fuerza al interior y un marco sin añadir altura adicional. Puede ser razonablemente fuerte cuando se utiliza correctamente.

No obstante, ten en cuenta que las piezas de madera finas pueden perder resistencia después de cortar la mitad para hacer esta unión. Por lo tanto, utilízala cuando la madera sea gruesa para preservar la estabilidad de la tabla después de retirar la mitad de la madera.

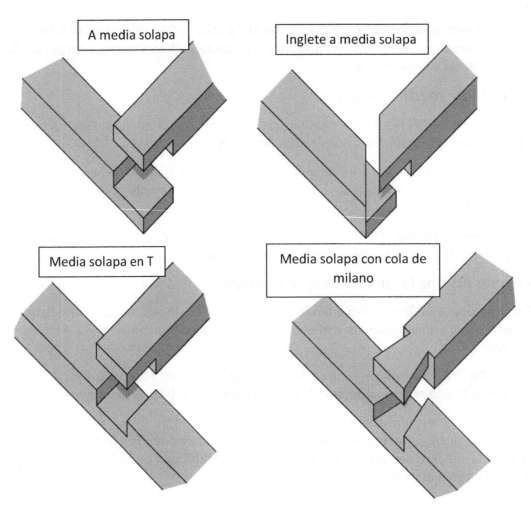

Tipos de juntas de solapa

Fuente de la imagen: Wikipedia
(https://upload.wikimedia.org/wikipedia/commons/1/19/Woodworking_lap_joint
s.svg) Atribución: Fred theOyster / CC BY-SA
(https://creativecommons.org/licenses/by-sa/4.0)

Cómo cortar juntas de media solapa:

Se pueden utilizar muchos dispositivos para cortar las juntas a media solapa. Sin embargo, mi favorito es un juego de dados apilados en una sierra de brazo radial.

Necesitarás un par de trozos de madera de desecho para conseguir el ajuste perfecto, pero una vez que tengas el ajuste de elevación adecuado en el brazo radial, harás un montón de uniones a media solapa en poco tiempo.

Si no se dispone de una sierra de brazo radial, se puede conseguir lo mismo con un juego de dados en una sierra de mesa.

Asegúrate de utilizar tu escala de inglete para guiar la madera a través de la hoja.

Nunca utilices el tope de la sierra de mesa para realizar cortes transversales, ya que el tope puede hacer que la madera se doble.

Cuando tengas un corte cada cuarto de pulgada entre los bordes de la junta, utiliza un martillo para limpiar las piezas finas.

Después de terminar la junta con un cincel, debes tener una junta de media solapa totalmente desarrollada.

Armar la junta:

Cuando estés listo para montar la unión, pon un poco de cola de carpintero en ambas superficies de contacto.

Coloca la otra pieza de madera en su lugar y ajusta ambas a su colocación definitiva. A continuación, une las piezas de madera con unos tornillos para madera.

El adhesivo será la fuerza de la unión, pero los tornillos son necesarios para mantenerla unida hasta que el pegamento se seque.

5.Junta de lengüeta y ranura

La unión de lengüeta y ranura es una junta unida de canto a canto con dos o más piezas de madera.

Se fabrica con un lado compuesto por una ranura que recorre la longitud de la madera y una lengüeta que encaja en la ranura.

Lengüeta y ranura

Esta característica de ranura y lengüeta permite una unión estable y estéticamente agradable que se puede utilizar en tablones de suelo, tableros de revestimiento, paneles de madera y tableros de mesa.

Este tipo de unión es simple y permite un ajuste limitado que tiene mucha área para los adhesivos.

Estas juntas pueden ser difíciles de hacer sin la maquinaria adecuada. Lo más probable es que compres madera con esta unión ya hecha, como los tableros de revestimiento.

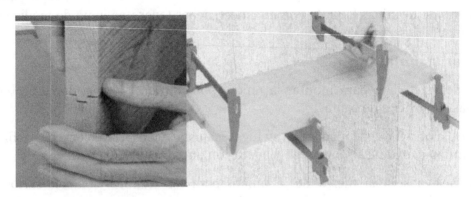

Comprobando el ajuste   Pegamento y abrazadera

Además, se utiliza más como función en los muebles, por lo que no suele requerir mucha madera.

Paso 1: Esta junta sólo se utiliza en tableros de madera. Por lo tanto, lo primero que hay que hacer es calibrary cortar algunas tablas de la longitud adecuada.

Paso 2: Este paso no es del todo imprescindible si tienes algo de experiencia en el uso de la fresadora, pero si no es así, necesitas marcar la madera y hacer puntas en tus tablas.

Paso 3: Esta acción requieres un banco de fresado para producir una unión efectiva, y lo primero que debes hacer es comenzar con una broca de fresado para reducir la ranura. Después de que la ranura está lista, utiliza una broca adicional para cortar la lengüeta.

Paso 4: Comprueba si la junta queda bien ajustada, y si es así, puedes añadir adhesivo y sujetar las tablas entre sí.

Consejo: Los tableros de revestimiento ya tienen estas uniones, lo que hace que esta opción sea mucho más fácil para las personas con limitaciones de tiempo o para los carpinteros no especializados.

Pegado: El adhesivo sugerido para la instalación es el adhesivo para revestimientos de suelos con lengüeta y ranura. La colocación del pegamento es fundamental. El adhesivo debe colocarse a lo largo de la parte superior de la ranura, el tamaño completo del lado ranurado y el extremo.

Una ventaja adicional de esta junta es la disponibilidad de la superficie adhesiva. La única desventaja podría ser que la junta es visible desde el extremo del panel. La junta de lengüeta y ranura suele utilizarse para fabricar paneles más anchos a partir de tableros más estrechos, como cuando se construyen tableros de mesa, puertas o paneles arquitectónicos.

6.Junta de mortaja y espiga

Las uniones de mortaja y espiga han sido utilizadas durante siglos por los trabajadores de la madera debido a su combinación de resistencia superior y simplicidad.

Suelen utilizarse cuando una madera se une con otras en ángulos de 90 grados, pero pueden utilizarse en un ángulo algo menor en determinadas condiciones. Recuerda que la unión es más resistente cuando los dos bloques de madera están en ángulo recto.

La clave de una junta de mortaja y espiga es que una pieza de madera se inserta justo dentro de la otra y se mantiene en su lugar con un sujetador.

Hoy en día, muchos carpinteros utilizan adhesivo para salvaguardar la espiga dentro de la mortaja, pero en años pasados, los carpinteros estilizaban las espigas para asegurarse de que una cuña o espiga las protegiera.

Haciendo la espiga:

Una pieza rectangular cortada en el extremo de la madera es la espiga.

Aunque las espigas pueden cortarse a mano, los carpinteros contemporáneos suelen utilizar una sierra de cinta o una plantilla de espigado sobre una mesa.

Al cortar una espiga, ten cuidado de no quitar material en exceso, ya que las espigas más finas dan lugar a uniones débiles.

Cortando la mortaja:

Generalmente, las mortajas se cortaban en la pieza de madera receptora utilizando un cincel. Hoy en día, varios carpinteros utilizan una mortaja, que emplea una pequeña broca encajada en una escultura de cuatro lados.

Varios proveedores de taladros ofrecen accesorios opcionales, lo que convierte al taladro en una máquina mucho más funcional.

Para cortar una mortaja, toma nota de dónde debes cortar, y después hunde la broca en el material, dando pequeños mordiscos cada vez.

Establece la profundidad suficiente para incluir toda la longitud de la espiga, no la hagas más profunda de lo absolutamente necesario (a menos que estés desarrollando una espiga pasante). Una vez completado, utiliza un cincel afilado para limpiar las asperezas restantes.

Ajuste de las juntas:

Una vez terminada la mortaja y la espiga, encaja en seco la espiga en la mortaja.

El ajuste tiene que ser ceñido, pero no demasiado limitante. Una vez que se hayan formado todas las uniones y sea el momento de la colocación, utiliza cola tanto en la espiga como en el interior de la mortaja. Cubre todas las áreas de la superficie por igual utilizando un pincel pequeño.

Una buena regla general cuando se elaboran juntas de mortaja, así como de espiga, es cortar primero la mortaja. Mantén la broca de espiga más ancha para la prueba en seco de la junta.

Doble junta de mortaja y espiga

Cuando se utiliza esta junta:

La mortaja y la espiga se utilizan normalmente cuando las uniones de las esquinas requieren marcos resistentes para hacer cosas como puertas, mesas, ventanas de casa y camas.

Una ranura rectangular se describe como un corte de mortaja, y se corta en el centro (específico) de la pieza final de madera para asegurar que acogerá el accesorio que sobresale (la espiga), haciendo así una unión limpia y sólida.

Una vez encolado y bien equipado, las uniones de la madera no se desprenderán y serán realmente difíciles de separar.

Para que la mortaja tenga un tercio del grosor de la madera, debe tener unas medidas precisas, para evitar cualquier tipo de rotura de la mortaja y la espiga.

7.Junta de galleta

En comparación con otras juntas como la de inglete con la de T la más eficaz es la de galleta.

Las uniones de galletas bien cortadas son fiables y precisas, sobre todo cuando se cortan ranuras con una máquina para trabajar la madera llamada engalletadora (o ensambladora de placas).

¿Qué es una galleta?

Se denomina galleta a una pieza de madera fina y ovalada, normalmente de haya.

Cuando se pega en las ranuras cortadas con precisión por la galletera, la humedad del adhesivo hace que la galleta se hinche y apriete la unión.

Herramientas necesarias para hacer la junta de galleta

- Unaensambladora de placas, también conocida como ensambladora de galletas.
- Unasierra.
- Cinta de medir.
- Escuadra.
- Cola de madera/Adhesivo de carpintero.
- Abrazaderas.
- Madera

Diferentes tamaños de galletas

Las galletas se suelen encontrar en tres tamaños:

- 0 - 5/8" x 1-3/4"
- 10- 3/4" x 2-1/8"
- 20 - 1" x 2-3/8"

Las cortadoras de galletas deben tener la capacidad de cortar los tres tamaños con precisión.

¿Qué tamaño de galleta utilizar?

Como pauta básica, el uso de una galleta más grande ofrecerá la mayor cantidad de dureza a la junta.

La mayoría de las veces, utiliza galletas del nº 20. Sin embargo, cuando trabajes en material más estrecho, utiliza galletas más pequeñas.

Juntas de borde a borde:

Una de las uniones de galletas más típicas es la de borde a borde. Se suele utilizar para encolar tableros de mesa de distintos tamaños y del mismo grosor, en los que se utilizan galletas a lo largo de los lados largos de las tablas.

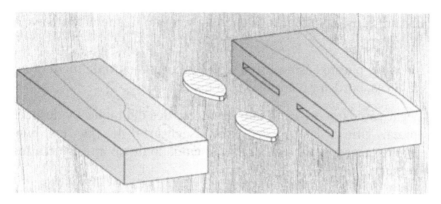

Juntas de borde a borde

Para pegar un tablero de diferentes tablas, coloca las tablas una al lado de la otra con la veta final de cada tabla girada en sentido contrario a la tabla anterior. Esto mantendrá el tablero estable si las tablas se expanden o se contraen.

Una vez que las tablas estén en las posiciones correctas, utiliza un lápiz para hacer marcas en las juntas cada 4-6". Estas serán las líneas centrales para los puertos de galletas.

A continuación, ajustatu engalletadora en función del tamaño de la galleta. En el caso de las juntas dc borde a borde, lo más probable es que utilices la dimensión grande #20.

Coloca la guía general sobre la madera (perpendicular al borde) y endereza la guía de corte con la marca del lápiz.

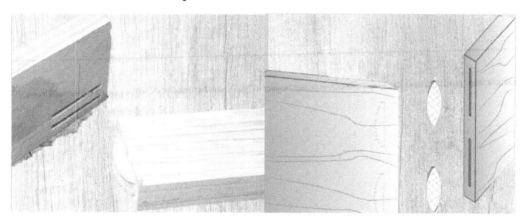

Galleta doble   Galleta en inglete

Mantén la guía en su sitio, pon en marcha la sierra y, cuando el motor eléctrico llegue a su máxima velocidad, empuja la hoja en la madera hasta que no vaya más allá.

A continuación, retira totalmente la cuchilla y repite la operación para la siguiente marca.

Cuando todos los puertos estén listos, aplica el pegamento de manera uniforme en todas las ranuras, bordea y coloca las galletas.

Deberás pegar rápidamente cada uno de los bordes del tablero y después asegurar toda la pieza. Utiliza las pinzas para asegurarte de que los huecos están completamente cerrados. Sin embargo, ten cuidado de no apretar tan fuerte que el adhesivo se salga.

Si se escapa algo de pegamento de las juntas, asegúrate de limpiarlo inmediatamente para evitar que afecte a la superficie más adelante.

8.Juntas de bolsillo

Las juntas de bolsillo se hacen con un tornillo que se introduce en diagonal a través de una tabla en otra.

Las juntas de bolsillo son similares a las juntas de espiga y a las juntas de mortaja y espiga.

Para una junta de bolsillo, el orificio para el tornillo debe ser pre-perforado para evitar la división de la madera. Aunque esto se puede hacer de otras maneras, un enfoque mucho más sencillo es utilizar una plantilla de agujeros de bolsillo.El tornillo se introduce a través de la cabecera justo en la madera.

No se necesita pegamento, ya que el tornillo mantendrá la unión firmemente, pero el pegamento añadirá más fuerza a la unión.

Junta de bolsillo

Plantillas para agujeros de bolsillo

Plantillas de apertura de bolsillos/agujeros:

Las mejoras en la tecnología de las plantillas de apertura de bolsillos en los últimos años la han hecho más fácil y más popular.

Existen numerosos estilos de juntas de bolsillo, pero el principal es una plantilla con un cilindro de aluminio mecanizado colocado en una inclinación específica.

A continuación, se sujeta la plantilla al cabecero.

Una broca del mismo tamaño que el agujero se utiliza para perforar el cilindro de aluminio ligero justo en el cabecero.

Una vez perforada la abertura de la cavidad en el cabecero, se sujeta la tabla en la zona y se introduce un tornillo a través de la abertura de la cavidad directamente en la tabla.

Si se incluye pegamento para reforzar la unión, es necesario colocarlo en la zona de la superficie de contacto entre el contrafuerte y el cabecero antes de poner el tornillo o los tornillos.

Usos de las juntas de bolsillo:

El uso más popular de las juntas de bolsillo es en los marcos. Sin embargo, hay muchas otras aplicaciones posibles. Las juntas de bolsillo se pueden utilizar para unir lados para hacer una mesa o un armario.

También son muy eficaces para fijar cantos relativamente gruesos a la madera contrachapada o a un tablero de mesa.

Las juntas de bolsillo también se pueden utilizar para fijar juntas angulares en trabajos de carpintería, como los refuerzos en las patas de una mesa.

Ejemplo de juntas de bolsillo

Fuerza:

Las juntas de bolsillo son más fuertes que las juntas de mortaja y espiga.

Utilidad

- Launión de bolsillo se utiliza sobre todo en los marcos de los armarios, los marcos frontales y las carcasas.
- El ensamblaje con agujeros de bolsillo hace que los bordes sean limitados frente a las mesas y encimeras, y los mantiene así.
- Proporciona uniones de marcos a inglete notablemente limitadas sin necesidad de sujetar las esquinas.
- Añadir una jamba de extensión a una ventana o puerta de casa sin sujetadores visibles. Las uniones con agujeros de bolsillo mantienen las jambas en su sitio, además de proporcionar una unión limitada y sellada a la intemperie.
- Curvas:la carpintería de apertura de bolsillos facilita la construcción de componentes con ángulos extraños y también ofrece formas curvas.

Jamba: Una puerta precolgada consiste en una puerta colgada con bisagras y montada en un marco de madera.

9.Junta de ranura

Utilizar una ranura es una técnica práctica y fiable para unir dos piezas de madera. Cuando aprendas a cortar ranuras, elegirás estas uniones para trabajar la madera que son específicamente prácticas cuando se construyen estanterías o cajas de armarios.

Esta junta es una ranura cortada en una pieza de madera en la que otra pieza de madera encaja perfectamente.

Por ejemplo, al construir una estantería con madera de 3/4" de grosor, se cortaría una ranura de 3/4" de tamaño justo en el requisito de la estantería y se pegaría la estantería en la ranura.

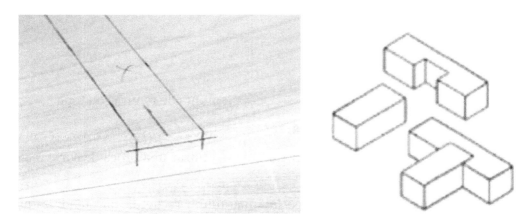

Marcado antes de cortar la junta de ranura Junta de ranura

Técnicas de corte de ranuras:

Hay un par de técnicas para cortar unaranura. Una de ellas es hacer uso de un cortador de ranuras apilado basado en una sierra de mesa.

Las ranuras más anchas se pueden cortar con más de una vuelta a través de la sierra.

No intentes utilizar estos kits en una sierra redonda, ya que sería excepcionalmente perjudicial.

Otra opción es el kit de dentado "totter". Se trata de una hoja de sierra solitaria colocada en un eje flexible. Al cambiar el ángulo de la hoja en el eje, se modifica el tamaño del corte.

Aunque son mucho más baratos que la primera opción, los resultados son menos fiables.

Sin duda, resistiría el impulso de comprar una herramienta que me ofrezca ranuras tambaleantes y ahorraría mi dinero para una colección de cortadores de ranuras apilados de alta calidad.

También me preocupa la seguridad al utilizar una cuchilla oscilante.

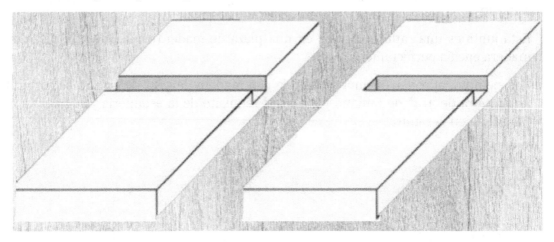

Junta de ranuradeslizante   Junta de ranura con tope

Cortar ranuras con una fresadora:

Otro método muy conocido para cortar ranuras es utilizar una broca de corte recto en una fresadora.

Cuando utilices una fresadora para cortar unaranura, recuerda que tendrás que reducir bastante la velocidad y reajustar la profundidad en más de una pasada para evitar que se desprenda la broca o la madera. Utiliza un borde recto para dirigir la fresadora y garantizar un curso recto.

10.Junta de rebaje

Un rebaje es una ranura que se corta en el lado del costado de la madera, en lugar de en el centro.

Un rebaje es adecuado para cuando hay que colocar una estantería en la parte posterior de un armario.

Cómo cortar un rebaje:

Al igual que una ranura, una de las formas más comunes de cortar un rebaje es con un juego de corte de ranura apilado en una sierra de mesa.

Comúnmente, se coloca un listón de madera de sacrificio contra el cerco, después de lo cual la pieza de sacrificio se coloca contra el set.

Este método evitará que se dañe el cerco de la sierra de mesa. Otra técnica habitual para cortar un rebaje es utilizar una mesa de fresado con una broca de corte recto.

Utiliza un cartón pluma para sujetar la madera a la mesa, lo que garantizará un corte regular.

La junta de rebaje es mucho más potente que una junta a tope básica. También es conveniente hacerla con dos cortes de sierra de mesa o de brazo radial (uno en la cara, el segundo justo en el borde o en el extremo de la fibra) o con una pasada a través de una sierra equipada con un cabezal de ranurado.

La junta de rebaje se utiliza para establecer tablas de fondo en la parte posterior de una pieza de caja o para acomodar el vidrio en un marco de espejo.

Junta básica de rebaje

Doble rebaje

La junta de doble rebaje tiene un reborde cortado en ambas piezas de unión. Esta unión es más duradera que el rebaje básico por varias razones.

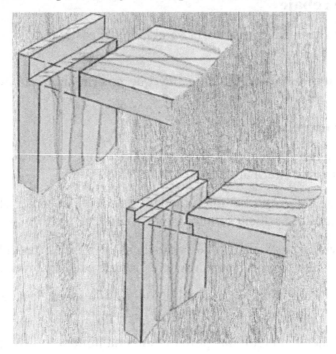

Rebaje y doble rebaje

El segundo rebaje proporciona un área de encolado adicional a la junta, así como el hombro adicional de noventa grados.

Es necesario medir cuidadosamente, así como cortar, para que la junta encaje sin huecos cuando se corta a mano.

Se hacen con mucha más precisión en una sierra de mesa o en una mesa de fresado.

Se trata de una junta excelente para las esquinas superiores de las librerías altas y de los armarios que no tienen un marco frontal. La junta puede reforzarse adicionalmente con tacos igualmente espaciados clavados desde el lateral.

Ingleteado

El rebaje a inglete puede parecer un reto, pero con una excelente sierra de mesa o una mesa de fresado, no es tan malo. Una vez que el equipo está configurado adecuadamente, cualquier tipo de variedad de estas articulaciones se puede hacer rápidamente.

El rebaje a inglete es probablemente una de las variantes más atractivas del rebaje.

Oculta eficazmente la veta de terminación y da a la junta un hermoso aspecto de inglete. Encontrarás esta junta en armarios de lujo y cajas de armarios.

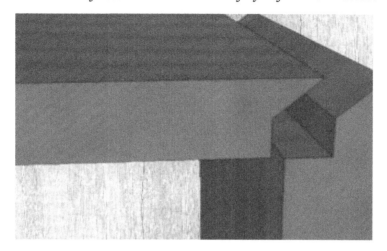

Ingleteado

11.Juntas de cola de milano

a)Junta de cola de milano deslizante

La cola de milano es apreciada no sólo por su resistencia, sino también por su aspecto.

Las uniones de cola de milano pueden ser difíciles de estilizar. Sin embargo, las plantillas de cola de milano y las fresadoras han hecho que esta unión sea mucho más fácil de perfeccionar.

La unión de cola de milano es la más utilizada en la construcción de cajones.

Sin embargo, hay otros tipos de juntas que pueden ser más adecuadas para escenarios específicos.

Por ejemplo, las colas de milano medio ciegas se utilizan cuando los lados del cajón deben conectarse directamente con la cara del cajón.

Las colas de milano de los armarios sólo deben ser visibles cuando el cajón está abierto.

Las colas de milano a ciegas son comunes en la construcción de armarios o cajas, donde los pasadores y las colas deben quedar totalmente ocultos.

No obstante, una parte de la veta final de la madera de la cola será ciertamente visible.

Si el carpintero quiere ocultar los pasadores, las colas y los extremos, la cola de milano a inglete es la mejor opción. No obstante, se trata de una unión compleja, que requiere una cantidad razonable de tiempo y paciencia para dominarla.

Existen muchas otras variantes de la cola de milano clásica, como las colas de milano deslizantes, las colas de milano a inglete, las colas de milano biseladas y las uniones en caja (que son colas de milano esenciales con pasadores y colas en forma de rectángulo).

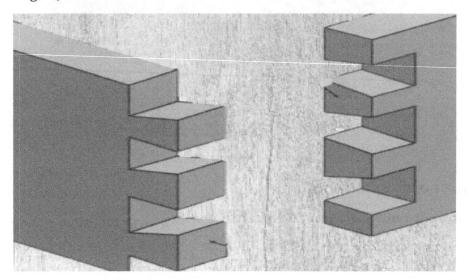

Junta de cola de milano deslizante

Creación típica de colas de milano:

Antes del desarrollo de las plantillas de cola de milano, las colas de milano se cortaban a mano, y algunos carpinteros siguen eligiendo esta técnica tradicional.

Las acciones son bastante básicas:

1. Lija los extremos de las dos piezas de madera en una escuadra de madera.
2. Marca la línea del hombro de cada pieza, igual al tamaño de la pieza adyacente.
3. Marca los extremos de las colas en el ángulo deseado.
4. Corta las colas con una sierra de cola de milano.
5. Retira el exceso entre las colas.
6. Utilizando las colas terminadas, marcadónde irán los agujeros en el tablero contrario.
7. Corta las clavijas y limpia los residuos.
8. Evalúa el ajuste de la junta y recorta más los pasadores si es necesario.

Utilización de una plantilla de cola de milano:

Para hacer un agujero en cola de milano con una plantilla de cola de milano, el orden es esencialmente el mismo. Marca la profundidad del corte en la tabla de cola e insértala justo en la plantilla.

Monta una broca de cola de milano adecuada en tu fresadora y corta las colas. A continuación, siguiendo las instrucciones de la plantilla, inserta la tabla de clavijas en la plantilla en el lugar adecuado, cambia a una broca de corte recto y corta las clavijas.

Sin duda, los detalles de este procedimiento dependen de la plantilla elegida. No obstante, cada sistema de cola de milano incluye un conjunto completo de instrucciones paso a paso para cortar colas de milano.

Preparando:

Las colas de milano deben quedar bien ajustadas, pero no demasiado. Ajusta en seco tus colas de milano antes de llegar al último paso, para garantizar que la unión sea perfecta.

Cuando se encajan en seco las colas de milano, tienen que ser un poco difíciles de desmontar, pero no tanto como para necesitar un mazo para dividir las piezas.

Cuando construyas colas de milano, extiende una fina capa de pegamento para madera en todas las superficies de las colas o de los pasadores antes de colocar la unión.

Utiliza un palo de goma o un bloque de madera de desecho con un martillo de garra para no arruinar la junta. Limpia inmediatamente cualquier tipo de pegamento sobrante.

El secreto de las colas de milano perfectas:

Si hay una regla que hay que seguir, independientemente de la técnica que elijas para cortar tus colas de milano, es ésta: corta siempre primero las colas y luego corta los pasadores para que encajen en las colas.

Es mucho más fácil quitar un poco más de los pasadores para asegurarte de que encajan en las colas. Sin embargo, si se cortan los pasadores primero, las colas son mucho más difíciles de marcar, lo que aumenta la probabilidad de que la unión de cola de milano quede incompleta.

b)Junta de cola de milano a ciegas

Cuando se conectan dos piezas de madera, posiblemente la unión más destacada es la cola de milano deslizante.

Las colas de milano deslizantes son sólidas y tienen un buen aspecto. Sin embargo, hay circunstancias en las que no es la elección correcta.

Al igual que cuando se conectan los lados de un cajón directamente al frente del cajón, los extremos de las colas se verán en el frente del cajón si se utiliza la cola de milano.

En este caso, el mejor tipo de cola de milano que se puede utilizar es la cola de milano a ciegas.

Junta de cola de milano a ciegas

¿Qué es una cola de milano a ciegas?

La cola de milano a ciegas es tan precisa como su nombre indica, es decir, sólo se ve la mitad de la unión. Esta unión es casi tan sólida como la cola de milano deslizante, pero se utiliza en situaciones como la del frente del armario descrita anteriormente.

Pasos estándar para el corte de colas de milano a ciegas:

1. Lija los extremos de ambas piezas de madera.
2. Marca el tamaño de las colas, que es el tamaño del tablero menos la vuelta. Haz una línea de hombro del tamaño apropiado alrededor de la tabla.
3. Marca las colas en el ángulo preferido.
4. Corta las colas con una sierra de cola de milano.
5. Elimina los residuos entre las colas utilizando un cincel de punta biselada.
6. Utilizando las colas terminadas, anota los pasadores en el tablero de clavijas, alineando los cortes con el lado de clavijas opuesto a la solapa.
7. Corta las clavijas y limpia los residuos con un cincel.

Junta sólo visible en el interior

Utilización de una plantilla de cola de milano:

Mientras que casi todas las plantillas de cola de milano basadas en la fresadora pueden perforar colas de milano, sólo algunos métodos específicos pueden cortar colas de milano a ciegas. Ten esto en cuenta al comprar un sistema de plantilla de cola de milano para tu taller.

El tratamiento para el corte de colas de milano con un sistema de plantillas es el mismo tratamiento estándar. Marca la profundidad del corte en la tabla basándote en el tamaño de la tabla de espigas menos la solapa.

Inserta el tableroen la plantilla y corta las colas utilizando una broca de cola de milano adecuada. A continuación, siguiendo las directrices de la plantilla, marca y corta los pasadores en el tablero.

b) Junta de cola de milano deslizante

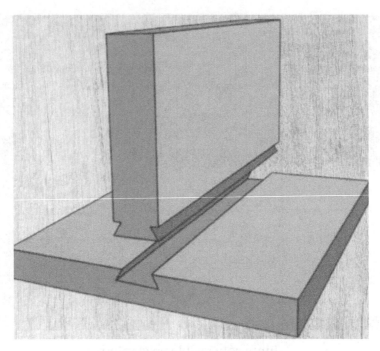

Junta de cola de milano deslizante

De todas las uniones de cola de milano, la cola de milano deslizante puede ser la menos conocida, sobre todo entre los principiantes de la carpintería.

Sin embargo, la cola de milano deslizante podría ser la más versátil de todas las uniones de cola de milano.

No sólo es útil para unir dos piezas de madera en ángulo recto. También se utiliza para unir piezas en las puertas de los armarios o en las tablas de cortar, para fijar las patas de las mesas a los soportes y para unir las estanterías a las instancias de los armarios.

Esta unión se realiza cortando una sola cola del tamaño de un lado de la tabla, que se desliza directamente en una ranura en forma de clavija en la pieza de madera receptora. Es mejor afinar un poco la ranura de la pieza receptora, para que la unión quede más ajustada hacia la parte trasera.

Hará que la articulación sea mucho más cómoda de deslizar. También ayudará a que la articulación no se separe en el futuro.

Cortar una junta de cola de milano deslizante:

Normalmente, una cola de milano deslizante se hacía cortando la cola y ranurándola a mano y limpiando las partes con un cincel.

Sin embargo, algunas plantillas de cola de milano modernas tienen la opción de cortar colas de milano deslizantes con una fresadora y una broca de cola de milano.

Si bien esto puede eliminar parte de la mística de la junta, hace que el trabajo sea mucho más fácil de hacer una y otra vez, además de ser mucho más rápido.

Si tienes una plantilla de cola de milano que puede cortar una unión de cola de milano deslizante, las acciones para hacerlo deben estar explicadas en la descripción que viene con la plantilla.

12. Unión de caja

La unión de cola de milano es un método intemporal, sorprendente y fiable para unir dos piezas de madera. Sin embargo, no puede utilizarse en todos los casos.

Por ejemplo, ¿qué pasa si necesitas unir dos piezas de madera contrachapada?

El uso de colas de milano para fijar la madera contrachapada aumentaría considerablemente las posibilidades de que se pelara la madera contrachapada al examinar la junta durante el montaje en seco.

Unión de caja

¿Qué ocurre si no tienes acceso a una plantilla de cola de milano y a una fresadora?

Esto es si no quieres tomarte la molestia de hacer a mano las colas de milano. ¿Hay alguna otra alternativa aparte de las colas de milano para utilizar en tus tareas de carpintería?

Una alternativa sencilla a la cola de milano es la unión en caja.

Como puedes ver, una unión en caja es similar a una cola de milano, con la distinción de los dedos rectangulares.

Naturalmente, siempre puedes hacerlo con una sierra de cola de milano y un cincel. Elije una anchura para los dedos que se dividirá uniformemente justo en el ancho de la madera.

Si tu madera tiene 6 pulgadas de ancho, un dedo de media pulgada permitirá doce dedos en total, seis en cada pieza de madera.

La junta de caja encolada tiene una superficie de encolado alta que da lugar a una unión fuerte que es similar a la de las uniones de dedo. Las juntas de caja se utilizan para los bordes de las cajas o construcciones tipo caja, de ahí su nombre.

13.Junta de brida

Las uniones de brida son similares a las de mortaja y espiga.

La diferencia está en la dimensión de la mortaja y la espiga. Como estas juntas siguen teniendo una mortaja y una espiga, son duraderas y tienen un aspecto atractivo.

La distinción entre las uniones de brida y las de mortaja y espiga permanece en el tamaño de la espiga y la profundidad de la mortaja.

La espiga de esta unión es tan larga como la profundidad de la madera dura.

Esto permite que las dos piezas de madera queden bien sujetas. La nueva zona permite la oportunidad de añadir más cola, lo que la hace más robusta.

Se trata de uniones populares para unir rieles, patas y montantes.

Pros de la unión de brida

- Unaopción menos complicada que la unión de mortaja y espiga
- Puedesdarforma a la articulación sin renunciar a la resistencia
- Estupendopara crear marcos delgados
- Unade las articulaciones esenciales para cortar
- No necesitas equipo de cajeado

Contras de la unión de brida

- Puedes ver el grano final

Tipos de unión de brida

Las uniones de brida de esquina pueden utilizarse como un sustituto más cómodo de una unión de mortaja y espiga acanalada, especialmente cuando la estructura va a ser revestida o cubierta (por ejemplo, marcos para asientos de sillas sueltos y acolchados).

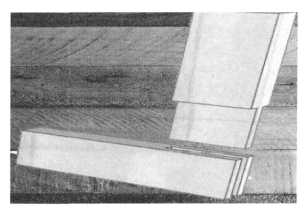

Brida de esquina

Las uniones de brida en T se pueden utilizar como una opción más fácil a una mortaja, así como una unión de espiga, pero donde se requiere una unión más dura.

169

Brida en T

Las juntas de brida de esquina a inglete se utilizan cuando se requiere una junta más resistente que una junta a medio inglete y cuando una moldura o ranura recorre el borde (por ejemplo, estructuras de espejo). Cualquiera de los lados de la salida, o ambos, pueden ser ingleteados según se requiera.

Brida a inglete   Brida de cola de milano

Las uniones de cola de milano con brida pueden utilizarse cuando hay cierta propensión a que la unión se separe.

14.Junta de clavijas

Las uniones con clavijas son el tipo de unión más duradero cuando se trata de trabajar la madera, especialmente cuando se utilizan numerosas filas de clavijas. Las calvijas desarrollan uniones fuertes que son fáciles de crear en casa. Esta unión se utiliza para construir uniones fiables y precisas en la madera.

Dos juntas de clavijas

Son más gruesas y duraderas que los clavos o los tornillos, y por eso son mucho menos susceptibles de romperse.

Proporcionan una unión más fuerte que el simple uso de adhesivo.

Esta unión se explica por sí misma. Como una de las muchas variaciones de una junta a tope, la junta de clavija es una de las más prominentes.

Se utiliza para fabricar tableros de mesa, armarios y sillas, por nombrar algunos. Las uniones con clavijas dan la impresión de una unión a tope convencional.

La unión con clavijas utiliza "pasadores" redondos (las clavijas mencionadas anteriormente) para mantener la unión.

Este tipo de uniones requieren una preparación cuidadosa y que el adhesivo sea lo más resistente posible.

Tienes que hacer dos agujeros de alineación que son la mitad de la profundidad de la clavija. Para mantener la clavija bien sujeta, hay que utilizar adhesivo en los agujeros.

Clavijas guardadas para su uso

Poco a poco el adhesivo, naturalmente, puede secarse.

No obstante, la ventaja de una unión con clavijas es que normalmente mantendrán la pieza unida.

Este crujido y contracción de la madera es una de las razones por las que las uniones con clavijas no se utilizan con frecuencia en los muebles de gama alta hechos a mano.

Caja con junta de clavijas

Pros de las uniones con clavijas

- El despiecees un proceso rápido.
- Ayuda a garantizar un acabado suave.
- No se necesitan tornillos, clavos ni otras herramientas.
- Las uniones con clavijas son las más fuertes en el trabajo de la madera, especialmente cuando se utilizan varias filas de clavijas.
- Las clavijasayudan a producir uniones sólidas que son fáciles de hacer en casa.

Contras de las uniones con clavijas

- Alineaciónde las uniones
- Partición de las clavijas
- Sin unión frontal del grano

15. Unión dentada

Según la Wikipedia: Una unión dentada también se denomina unión en peine; es una unión para trabajar la madera que se realiza cortando un conjunto de cuentas correspondientes entrelazadas en dos tipos de madera, que luego se encolan. La sección transversal de la junta se asemeja al entrelazamiento de los dedos de 2 manos; por esta razón, el nombre "unión dentada".

El ensamble tipo unión dentada cónico o escarpado es una de las uniones más comunes utilizadas para crear piezas largas de madera a partir de tablas fuertes. El resultado es la madera ensamblada con unión dentada. También puede ser útil a la hora de crear paredes o molduras, y también se puede utilizar en tablones de suelo y en la construcción de puertas.

Las uniones dentadas permiten obtener piezas más robustas y reducen considerablemente los desechos (lo que ahorra dinero a largo plazo). Las ventajas de la madera alistada son la rectitud y la estabilidad dimensional.

Las uniones dentadas se utilizan para varios proyectos como:

- Marcos de puertas
- Suelo
- Cajas

Hay muchas variantes de uniones dentadas, como:

Unión dentada cuadrada

Unión dentada escalonada

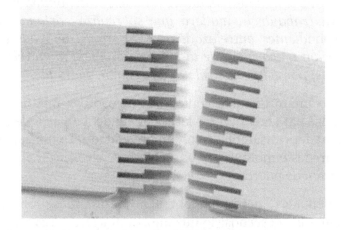

Unión dentada cortada en forma inclinada

Pros de las uniones dentadas

- Hace una unión más recta
- Se desperdicia mucha menos madera
- Presupuesto
- Resistentepara una carga vertical
- Sepueden aplicar adhesivos, lo que permite una unión más robusta que la de mortaja y espiga

Contras de las uniones dentadas

- Puede aparecer desalineado
- Es más difícilconseguir una pared lisa

5. Ensamblaje japonés

Introducción

A diferencia de muchas técnicas tradicionales de ebanistería, el ensamblaje japonés ha permanecido hasta hace poco tiempo como un oficio cerrado entre los miembros de la familia de la carpintería en Japón.

Las uniones detalladas se realizan con precisión y habilidad, haciendo uso de varias uniones de extremo, esquina e intermedias para contrarrestar a fondo las toneladas y torsiones.

Éstas tienen piezas montadas como rompecabezas para desarrollar estructuras inteligentes, que se entiende que se encuentran entre varias de las estructuras más antiguas que sobreviven hoy en día.

A diferencia de los tipos básicos de construcción en madera, elensamblaje japonés no depende de elementos irreversibles como tornillos, clavos y adhesivos. En su lugar, las uniones se protegen de forma segura con conexiones entrelazadas.

Gracias a las visualizaciones en 3D, los entresijos que hay detrás se han dado a conocer tanto a los artesanos como a los fabricantes, ofreciendo la posibilidad de restablecer elensamblaje japonés en los edificios.

Carpintería tradicional japonesa

176

Siglos antes de que se desarrollaran los tornillos y las fijaciones, los artesanos japoneses utilizaban complejas uniones entrelazadas para unir piezas de madera. Sé que puede llevar un poco más de tiempo; sin embargo, he empezado a utilizar las uniones japonesas para construir mis muebles recientes. Utilizar menos herrajes es una clara ventaja.

Los carpinteros japoneses pueden decir mucho sobre la calidad de una madera y su idoneidad para un proyecto.

Los carpinteros experimentados pueden diferenciar entre la raíz y el extremo de la rama, lo que ayuda a decidir dónde dividir la pieza de madera.

Además, comprenden el tipo de madera por su aspecto, tacto y olor, así como por la forma en que se ha secado.

Muchas personas no demuestran la habilidad que tienen. Los carpinteros japoneses muestran su habilidad: el keshōmen, o "cara decorativa" de una pieza de madera.

El distintivo patrón de arco que suele verse en la cara de una tabla es el resultado del "aserrado simple". El aserrado ordinario es una de las formas más eficientes de cortar un tronco, dejando el núcleo de la instalación para ser utilizado en las columnas. Sin embargo, los carpinteros lo consideran la forma menos sofisticada de cortar la madera.

El patrón es bastante atractivo, y la madera aserrada en plano desperdicia muy poca madera, pero los "arcos" que aparecen en la cara de la madera también significan que es algo más débil que una pieza en la que la veta es vertical. A veces esos arcos se separan del plano de corte.

Además, una cuchilla de reducción imperfecta puede engancharse en los anillos de desarrollo y rajar la madera. La madera aserrada en plano tiende a encogerse más a medida que se seca y, además, puede "asomarse", convirtiendo su cara en cóncava.

Por ello, los carpinteros japoneses son muy específicos a la hora de determinar qué cara de una pieza de madera es la crucial, el keshōmen que se mostrará en la obra terminada, y cuál es la intrascendente. Cuando utilizan una tabla aserrada en plano, la cara que muestra los arcos de la veta siempre será la dominante, pero el extremo antiestético debe ser cubierto.

Un gran carpintero puede saber si la tabla es susceptible de ahuecarse, y también se asegurará de que las tablas débiles no se utilicen donde se verán.

Mejores cortes para un grano impresionante

La madera aserrada en cuartos disminuye la probabilidad de que se produzcan problemas de ahuecamiento, contracción y división. Sin embargo, esta técnica de cortar aún más de la madera es mucho más trabajo, por lo que es más caro.

No obstante, cada superficie dela tabla puede utilizarse convenientemente como keshōmen.

La madera aserrada en cuartos es el ángulo en el que los anillos de crecimiento anulares se cruzan con la cara de la tabla.

Tipos de uniones japonesas

- **Junta de espiga entrelazada**: Se utiliza para hacer una escalera o una silla. Se unen dos o más piezas.

- **Junta a inglete intercalada**: Es una junta de tipo media solapa utilizada en la construcción de marcos pesados.

- **Junta a inglete de esquina de tres vías**: Aquí tres piezas tienen inglete, con una pata como espiga, que encaja con las otras dos piezas como se muestra a continuación.

- **Junta de inglete de esquina con tres pasadores**: Esta unión es similar a la anterior pero tiene un pasador adicional, como se muestra a continuación.

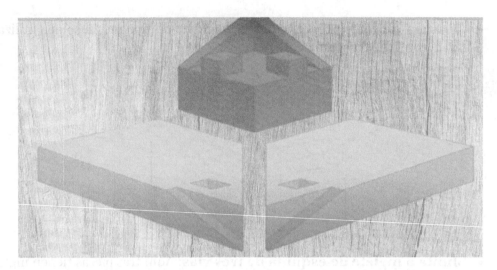

- **Lasuniones secretas decola demilano a inglete:**También llamadas uniones ciegas completas a inglete, estas uniones son fuertes y adecuadas para trabajos de armarios y cajas.

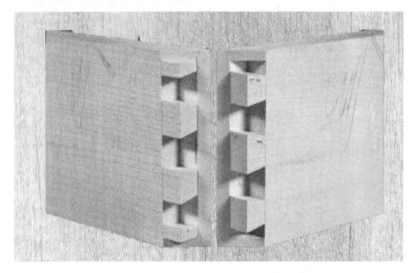

- **Junta de asistencia a la estantería**: Esta junta se utiliza para los casos en los que se requiere sostener una carga pesada en el estante. Se utiliza una ranura en el extremo del estante para soportar la carga.

- **Mordaza y espiga divididas**:Las espigas cortadas en los raíles se engranan entre sí. Se utilizan en paneles y marcos de gran tamaño.

- **Junta de espiga con inglete**: Similar a la última unión con un lado de la mortaja y la espiga biselado como se muestra.

- **Junta de cola de milano deslizante**: Se utiliza en la construcción de sillas para unir las patas con el riel.

- **Junta de esquina a inglete**: Esta junta se utiliza predominantemente en grandes estructuras/marcos.

6. Ensamblaje de madera con CNC

El ensamblaje es una parte del trabajo de la madera que incluye la unión de piezas de madera para crear productos más complejos. Algunas uniones de madera utilizan cierres, fijaciones o adhesivos, mientras que otras sólo utilizan aspectos de la madera. Las cualidades de las uniones de madera, como la resistencia, la adaptabilidad, la dureza y la apariencia, se derivan de las propiedades de los productos de unión y de cómo se utilizan en las uniones.

Juntas CNC

Las juntas CNC difieren del ensamblaje convencional. Los bordes interiores redondeados pueden crear uniones incómodas e incluso desagradables. Sin embargo, la capacidad de reproducir actividades específicas hace que estas uniones sean pan comido.

Tolerancia

El secreto de un buen ensamblaje es identificar la cantidad correcta de tolerancia.

"La tolerancia describe el error máximo que uno puede soportar; según la precisión práctica, uno puede anticiparse de sí mismo. Cada persona debe establecer su tolerancia".

Consideraciones en el corte de uniones CNC

Acontinuación, se detallan algunos factores a tener en cuenta para las uniones CNC.

Dispositivos:

En lugar de fresas, se utilizan hojas de sierra.

El desgaste del borde de la madera es mucho más problemático con las fresas.

Requiere una configuración meticulosa para que el dispositivo funcione correctamente.

Las fresas ejercen una mayor presión sobre la pieza durante el corte y requieren una fijación más fuerte.

Los cortes en forma de contrachapado se suelen mecanizar con una broca de compresión. Esta broca se baja desde arriba y se levanta desde abajo para minimizar el desgarro en las maderas.

Los bolsillos se cortan generalmente con brocas de cizalla para reducir el desgarro.

Esquinas:

Las esquinas cuadradas no se pueden cortar con brocas cilíndricas. En varios escenarios, esto indica que las uniones deben hacerse con esquinas redondeadas.

Las esquinas redondeadas se pueden perforar o fresar.

Un punto crucial en el fresado de estas esquinas es que la herramienta debe seguir moviéndose mientras se realiza el corte. De lo contrario, se produce un calor extremo.

Esto desgastará la herramienta y creará el riesgo de incendio.

Tolerancia:

Dos piezas que se acoplan no encajan si se cortan del mismo tamaño.

Es necesario que exista un vacío entre las piezas para que se deslicen unas con otras, así como para que se adhieran.

En CNC, es habitual utilizar un vacío de 0,005" por cada lado de la junta. Así, por ejemplo, una espiga debe cortarse 2 veces 0,005" más estrecha que la mortaja (0,005" en cada lado). Se trata de un ajuste bastante limitado, pero que sin duda funcionará si el fabricante es preciso y las herramientas están afiladas.

Si los dispositivos son lisos, el corte no será tan ordenado y no se podrá mantener la precisión. Por lo tanto, a veces es necesario utilizar 0,01" por lado.

Madera:

Las variantes de grosor del producto tienen una gran influencia en las juntas digitales.

Para un grosor específico, se realizará la programación de la trayectoria de la herramienta.

Si la madera no tiene esa densidad específica, afectará al ajuste de la junta.

Debido a esto, los parámetros "Madera que dejar" y también "Baseque dejar" en el programa de software CAM pueden ofrecer opciones para compensar la variación.

Fijación:

En lugar de mover la pieza de trabajo por encima del dispositivo, hay que sujetar el trabajo con firmeza mientras la herramienta se mueve.

El procedimiento para salvaguardar el trabajo se llama fijación.

Cuando se trata de fresar madera contrachapada en 3 ejes, esto indica que hay que sujetar los componentes con pestañas. En el caso de la madera dura, esto suele implicar una cinta de doble cara que sujeta los componentes a una tabla de desecho.

Ejemplos de juntas cortadas con CNC:

Hay varias uniones interesantes que pueden cortarse rápidamente en el CNC, lo que llevaría mucho tiempo si se hiciera con las herramientas estándar del taller.

Tipos de juntas CNC:

Juntas de esquina CNC de 3 ejes

Estas uniones fijan los miembros a lo largo de un borde para crear una arista, en la carpintería de 3 ejes, generalmente a 90 grados.

- **Espigas dentadas**

Se trata de una de las uniones CNC más sencillas que quedan expuestas en la esquina. Se dispone de suficiente superficie para el pegado.

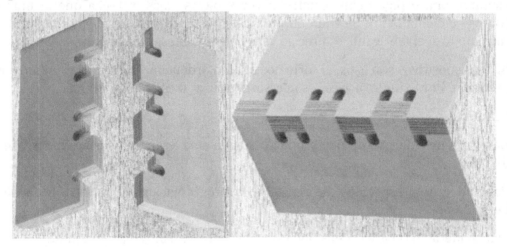

- **Espigas dentadas a ciegas**

Se utilizan bolsillos a lo largo del borde de la junta para evitar que se vean las espigas. Se trata de una unión ciega. Los lados son visibles desde el exterior.

- **Espigas dentadas lapeadas**

Se trata de un tipo de unión medio ciega. Se hace cortando bolsillos para que todos los dedos encajen justo en un solo lado.

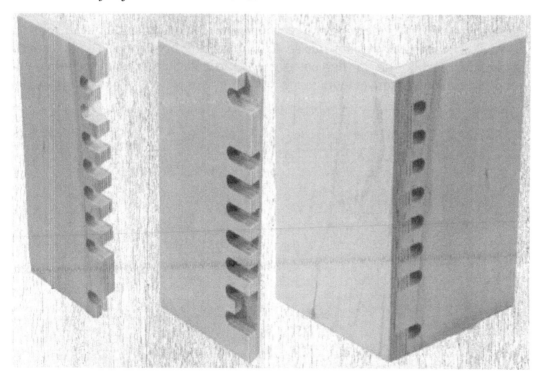

- **Espigas dentadas**

Las dos partes son idénticas. Ofrecen muchas zonas de adhesión y permiten una conexión estable. Aquí, las espigas más estrechas se denominan "yemas" en lugar de "dedos".

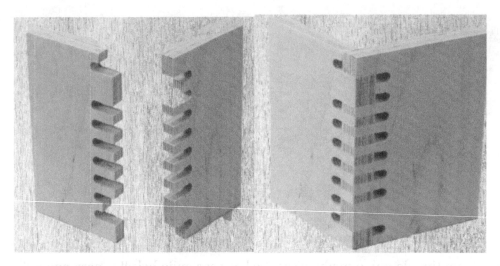

- **Espigas de martillo**

Esta unión está hecha para evitar que la junta se separe a lo largo de un eje mecánicamente. Se puede ver con precisión cómo los dedos se bloquean sobre las ranuras de los bordes dentados que se acoplan. El nombre proviene de la forma de cabeza de martillo de la derecha.Algunas articulaciones están creadas para romperse o dividirse convenientemente.

- **Espigas con punta dentaday llave**

Las espigas alargadas de esta unión tienen una muesca que acepta una llave que protege la unión de la tensión.

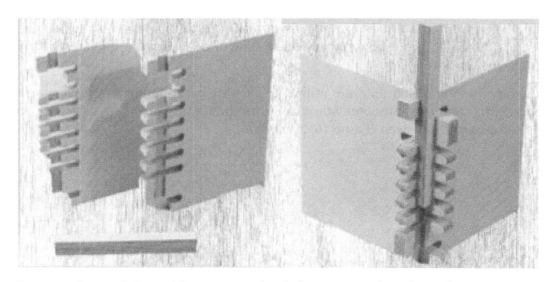

Justo aquí, se retiró parcialmente, revelando las ranuras de cada madera.

- **Espiga de atrapada**

Se trata de un tipo de unión de ruptura. Los componentes se deslizan uno dentro del otro, y el cierre se presiona a través de la cerradura correspondiente. La espiga se abate y se engancha para evitar que la junta se parta por la tensión.

El pestillo se ha rebajado hasta la mitad de su grosor para facilitar la flexión sobre el pestillo.

- **Mortaja rebajaday espiga pasante**

189

Este ejemplo utiliza una espiga para evitar que una parte se deslice a través de la otra. Cuando el taco está apretado contra la cara de la madera que se acopla, la unión es bastante sólida.

Observa que la unión anterior utiliza un taladro para eliminar el producto del borde. Las uniones anteriores utilizaban la fresadora un poco. Esta decisión tiene un efecto significativo en el aspecto de la unión.

Juntas de carcasa CNC de 3 ejes

Estas uniones unen dos piezas de forma perpendicular.

- **Porespigasdentadas**

Este es un ejemplo de una unión a través de la cual las espigas dela parte vertical se muestran a través del lado.

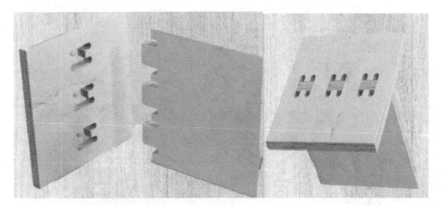

- **Porespigas de yema**

Esta unión proporciona una mayor superficie para el pegamento. Consulta la siguiente imagen:

- **Espigas de clip**

Las espigas largas se flexionan lo suficiente como para permitirles entrar en las mortajas. Cuando se introducen completamente, se enganchan por encima y por debajo de las mortajas para bloquearlas en su sitio.

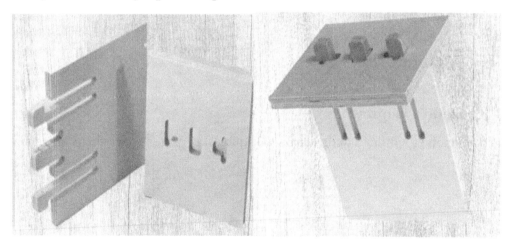

Juntas de estructura CNC de 3 ejes

Estas juntas de estructura permiten que los componentes se unan en una disposición en T o enX. Suelen ser medias solapas. Es decir, se retira el producto de ambas piezas para permitir que se solapen. Normalmente el producto se retira a mitad de cada pieza.

- **Medias de hombros ovalados**

Junta básica de media solapa con borde curvo. Los componentes son idénticos. Esta unión tiene un contraste decorativo con una media solapa normal, pero sigue siendo estable. Las curvas aportan una mayor resistencia a la tracción y una mayor superficie de encolado a lo largo de la junta. En todas las uniones de media solapa, el grosor del producto es vital para un ajuste preciso.

- **Corte transversal en cola de milano**

Esta junta tiene dos de los mismos componentes. Proporcionan un alto nivel de resistencia al desgarro y una gran superficie de pegado.

- **Cruzado a la mitad**

Una articulación es similar a la de arriba, aunque estas partes son reflejos entre sí.

- **Junta a inglete transversalcon llave serrada**

Esta junta permite unir cuatro piezas diferentes con una zona de intersección, haciendo uso de una llave serrada. En una unión lo suficientemente apretada, es muy difícil desmontarla. En una unión lo suficientemente floja en la quese puede desacoplar fácilmente, la sujeción de los cuatro miembros no es realmente inflexible.

La adherencia de las juntas se realiza en una unión en T en lugar de en X.

- **Unión a inglete cruzada con llave serrada**

Este elemento esencial de la sierra ofrece cierta resistencia a la tensión. Esta junta tiene además una muesca cortada en el lado para que la parte transversal pueda soportar también las ansiedades laterales.

- **Sierra deinglete**

Una junta de esquina decorativa adicional de media solapa que ofrece resistencia al remachado debido a los componentes entrelazados.

- **Junta de ingletecon llave de mariposa**

Se utiliza una llave de mariposa para mantener unidas las dos piezas. El grosor de la llave es la mitad de la densidad del material.

Juntas de borde a borde CNC de 3 ejes

Estas juntas unen dos piezas de madera de extremo a extremo o de canto a canto.

Cola de milano lapeada

Esta unión permite conectar dos tablas a lo largo de sus bordes. Tiene un bello efecto decorativo, y la forma de cola de milano ofrece una resistencia mecánica contra la separación. En el extremo posterior de la unión, el borde es una línea recta.

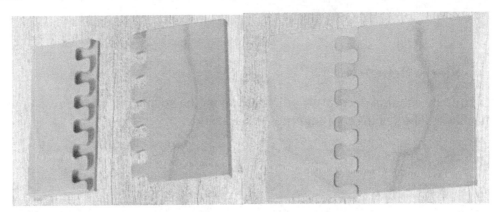

Cola de milano doblemente lapeada

Las colas de milano dobles son una variación. Así que las colas ornamentales aparecen en cada lado de la madera.

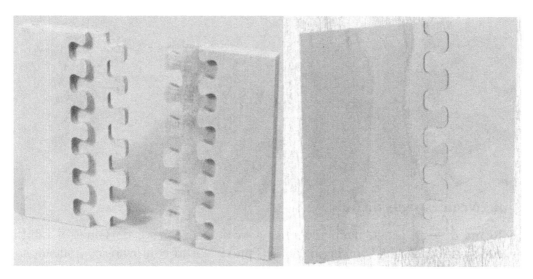

Extensión de la tabla con llaves serradas

Estas juntas utilizan llaves extraíbles para unir los bordes con las tablas.

Estas llaves son difíciles de meter y sacar de los bolsillos si el ajuste es excelente. Por lo tanto, no son adecuadas como juntas de desacoplamiento.

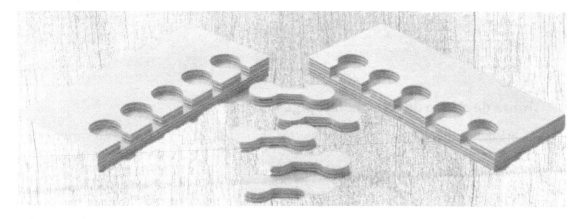

Alargamiento del tablero con llaves de cola de milano no equilibradas

Esta es una unión que utiliza colas de milano de forma más común. Las llaves de mariposa se asemejan aunque están en proporción con respecto a su línea central (estas están torcidas).

Ginkgo con espigas de tallo

La forma de esta articulación recuerda a la hoja del árbol de Ginko y también demuestra la comodidad con la que el CNC puede cortar contornos complicados.

Junta de cuello de cisne con espigas

El mismo principio que el anterior: varios tipos de geometría para esta variación.

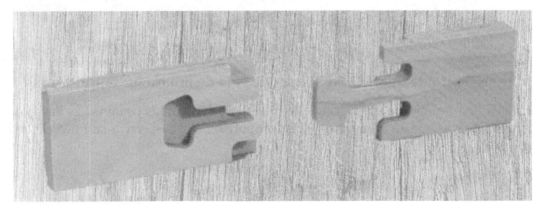

Doble sierra

Ambas partes de este estilo conjunto son comparables, pero son reflejos la una de la otra.

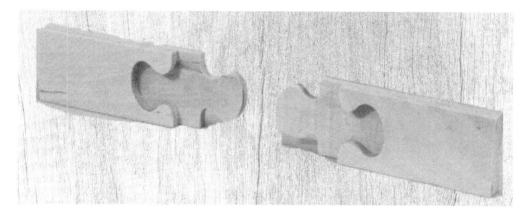

Rebaje con espiga elíptica

Esta unión se utiliza cuando las dos partes están rebajadas a la mitad y se solapan entre sí. La espiga elíptica de esta unión proporciona resistencia mecánica a la separación. Esta unión sería débil en la madera porque el plano de corte está junto a las fibras de la madera (lo que se llama grano corto).

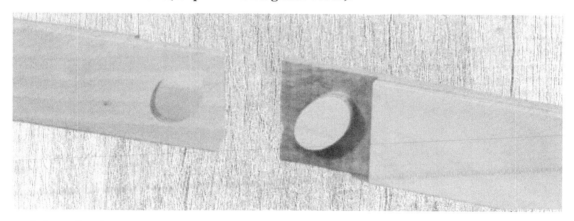

Triple cola de milano

Cola de milano simple en un lado, doble en el otro. A diferencia de la unión por encima, estos no están alineados de lado a lado, lo que hace que sea más fuerte.

7.Proyectos de carpintería para principiantes

1.Unión de las patas de una mesa mediante ensamblaje de mortaja y espiga

Materiales:

- Tablero de madera
- Pegamento para madera
- Abrazaderas paralelas
- Sierra circular
- Mazo de goma
- Sierra de mesa

Uno de los métodos de ensamblaje más básicos es la mortaja y la espiga. Es una unión fantástica para las patas de las mesas y, con unas pocas herramientas, puede ser muy resistente.

Fresado y marcado

El primer paso es conseguir la madera y el material para el proyecto.

Cuanto más se le dé formaa la madera, mejor para el proyecto. Si la madera está recién secada, deja pasar un día entre cada paso de fresado.

Esto permitirá que la madera se mueva al liberar la tensión.

Una vez cortada la madera y dimensionada, es el momento de marcarla para la mortaja, los agujeros de las patas.

En esta situación, el carril será la espiga, por lo que todos los carriles deben tener la misma dimensión.

Muchas maderas duras se astillan rápidamente, por lo que romper las fibras de la madera implica que tendrás líneas más limpias.

Utiliza una marca combinada en el borde que da al frente. Haz lo mismo a la derecha alrededor de la mesa en cada pata.

Esta línea se cortará inicialmente porque es la que verán los individuos, cualquier modificación se hará en la línea que mira hacia adentro.

El siguiente paso es dibujar la línea en el otro lado para representar el ancho del carril. A continuación, corta a lo largo de las líneas utilizando un cuchillo de marcar.

Eliminación de material de la pata

Después de marcar la pata, debemosretirar el producto.

Utiliza un taladro para eliminar la mayor parte. La fresadora debe estar sometida a la menor tensión posible para garantizar un corte limpio.

Perfora una serie de aberturas haciendo uso de un accesorio de profundidad, dejando varios milímetros antes de la línea.

Ahora, coloca un bloque de tope para la fresadora, para que no te equivoques al cortar demasiado, y empieza a trabajar a lo largo de la línea de corte.

Coloca el tope en la fresadora, de manera que estés cortando en la línea de la cara exterior del carril/pata.

Haz todos los tramos con esta configuración, para que sean iguales.

Ten cuidado al cortar en ambas direcciones, ya que la fresadora reaccionará de manera diferente a la dirección de avance.

Esto pone de manifiesto la necesidad de deshacerte de la mayor cantidad de madera posible utilizando el taladro.

En cuanto hayas hecho todas las patas, pasa a cortar por las otras líneas y repite.

En esta fase, los raíles tienen que estar bien ajustados o no podrán encajar.

Yo prefiero cortar las mortajas más pequeñas, así como lijar los raíles para que encajen. Cortar la mortaja demasiado grande no es recomendable.

Corte del carril

Corta la mortaja en la pata para que sea más pequeña que la altura del riel.

Haz una pequeña muesca en la parte inferior del riel en cada borde, lo suficiente para asegurar que el borde se apoye en la pata.

Cuanto más nítido sea este corte, mejor aspecto tendrá. Utiliza un cuchillo de marcar para cortar todas las líneas.

Pegamento

Al conseguir un ajuste apretado, puedes pegar las partes.

Utiliza las abrazaderas para introducir las patas en el carril.

Se puede mejorar con mucha práctica y no repitiendo los errores.

2.Taburete pequeño con ensamblaje oculto

Materiales:

- Unkit de ensamblaje oculto
- Tornillos para agujeros de bolsillo taladro y abrazaderas de barra conductora
- 4 patas cónicas de 1 3/4" por 10" de alto (cualquier tamaño servirá dependiendo de lo que quieras)
- Algunosrestos de abedul o de otra madera para el faldón del taburete y la sierra de elección
- Lacay acabado
- Gafas de seguridad

Preparando las piezas

Inicialmente parte un poco de abedul de desecho a 3" de ancho.

Después, corta dos piezas de madera de 15 1/2" de largo para los lados, así como dos piezas de 8 1/4" para los extremos.

Utilizael kit para colocar los agujeros de los tornillos en los bordes superiores y en los extremos.

Los agujeros de los tornillos estarán dentro del taburete construido para que no se vean.

Montaje

Hazcada lado a la vez.

Pon pegamento en cada extremo de la pieza final.

Mantén dos patas al revés y sujételas al centro de la pieza final.

El factor principal al usar una abrazadera es que los tornillos para el agujero de bolsillo se alejan de la maderay no se atornillan en forma recta.

Después de insertar los tornillos, ya no necesitarás la abrazadera. Repite la acción en el lado opuesto.

 Une de nuevo los dos extremos a ambos lados con una abrazadera.

No te pases con el adhesivo. Si el adhesivo sale a borbotones, límpialo rápidamente con un paño húmedo.

Añadiendo una tapa

Corta otra pieza de madera de 11 1/2" por 19" para que sea la parte superior.

Podría servir como tapa para tu taburete.

Pasa un poco de cola alrededor de la parte superior de tu taburete. Centra tu taburete y atorníllalo a la parte superior.

Lija la superficie.

Tinte y acabado

Utilizatu selección de tinte, preferiblemente dos capas.

Por ejemplo, puedes utilizar un excelente barniz Minwax antiguo, y dejarlo secar completamente.

La ventaja de los acabados al agua es que se secan rápidamente. Puedes utilizar tres capas de poliéster semibrillante al agua.

El taburete se armó en alrededor de una hora. El acabado no tardaría mucho. Hay que esperar un poco entre capa y capa.

3.Caja utilizando ensamblaje de caja

Materiales:

- Tabla de 3-4" de ancho
- Tabla de desecho
- Mesa de fresado y una broca recta de 1/4".
- Sierra de inglete compuesto, o sierra de mesa
- Cepilladora/Juntadora
- Lijadora de banda
- Lima recta
- Algunas abrazaderas

Prepara los laterales

Cortatu tabla al grosor deseado. Utiliza un arce ancho de 2,5"llevado a un grosor de 3/8".

Corta los cuatro lados. Marca cada pieza de madera ligeramente con un lápiz: delante, detrás, izquierda y derecha, pon la marca en la parte superior de cada pieza de madera para su colocación posterior.

Prepara la plantilla

Para esta caja, quería dedos de 1/4". Coloqué una broca recta de 1/4" en la mesa de la fresadora y también ajusté la altura para que fuera el grosor de mis bordes. Un método rápido para hacer esto es apilar dos piezas de madera una encima de la otra con una desplazada de la otra. Eleva la broca hasta que simplemente toque la madera desplazada en la parte superior. No cambies la altura.

Toma un trozo de madera de desecho y sujétalo a tu escala de ingletes. En mi caso, necesité un trozo de chatarra adicional para proporcionar una excelente superficie de sujeción en la parte posterior de la escala de ingletes. La pieza delantera queda al ras de la superficie de la mesa de la fresadora; la segunda pieza de sujeción la retira un poco.

Enciende la fresadora y haz un agujero en forma de rectángulo en la pieza delantera de chatarra. Este agujero sostendrá el "dedo" de la plantilla.

Corta un trozo de madera, probablemente de tu tabla, un poco más grande que el tamaño de tu broca, en mi caso 1/4" x 1/4" x ~ 2".

Coloca la pieza en la ranura que cortaste en el tablero de la plantilla. Lima o lija para que quede bien ajustada. Además, lija la parte inferior.

Vuelve a alinear la tabla de la plantilla en la mesa de la fresadora, contra la escala de ingletes. Esta vez, sin embargo, asegurarás la tabla desplazada de la broca por el ancho de la misma (1/4"). Yo he utilizado una broca de 1/4" como espaciador entre el dedo de la plantilla y la broca de la fresadora.

Sujeta la tabla de la plantilla en su lugar. Asegúrate de que estás calibrando la parte más ancha de la broca de la fresadora y que el ajuste es lo más específico posible. Esta acción determina con precisión el ajuste de la caja.

Corta los dedos de la primera madera.

Ahora, puedes empezar a cortar los dedos. Es una excelente idea hacer algunos dedos de prueba en un par de piezas de madera de desecho para evaluar la colocación de la plantilla. Si los dedos no encajan muy bien, intenta la colocación una vez más.

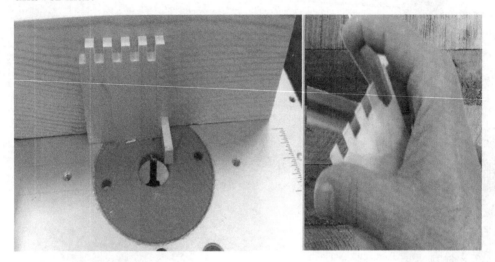

Para el primer corte: Endereza un lado de la madera lateral con el lado interior del dedo de la plantilla. Haz un agujero. Necesitas una pieza con un agujero cuadrado de 1/4", a 1/4" del lado izquierdo.

Para el segundo y siguientes cortes: mueve la pieza para asegurarte de que la ranura que has cortado encaja en el dedo de la plantilla. Crea un nuevo agujero. Repite la operación hasta que se te acabe la tabla. Si el último agujero no se endereza perfectamente con el lateral, no te preocupes, la pieza correspondiente tendrá exactamente la misma cantidad de agujero sobrante.

Corta los dedos de la segunda pieza de madera.

La segunda pieza de madera se corta como la primera.

Evalúael ajuste

Ajusta en seco tu madera. Si está demasiado apretado, intenta limar un poco, si está flojo, inténtalo de nuevo con una dimensión mucho mejor en el dedo de la plantilla y la colocación de la broca de la fresadora.

Haz los otros dos lados

Corta los dedos en los ocho lados, respetando las mismas reglas que en los dos primeros lados.

Fondo y tapa

Para esta caja, quería una tapa que encajara libremente en la parte superior e inferior. La escala de ingletes ayudaría a mantener la tapa a escuadra al fresar el lado corto.

Pegamento y acabado

Los dedos de la junta de la caja estaban tan apretados que tuve que usar un palo. La madera del fondo se pegó rápidamente y la tapa encaja bien en la parte superior. Usa tinte o repinta como quieras.

4.Caja de cinceles con ensamblaje japonés

Materiales necesarios:

- Madera de desecho(Si está disponible, recomiendo la madera de paulownia)
- Cincel
- Sierra de mano

- Planar
- Lápiz

Saca trozos de madera de desecho y límpialos de su revestimiento y luego dalesforma.

Lacaja tiene seis lados, así que elige dos piezas más anchas para la base y la tapa y las cuatro sobrantes para los lados.

Manténel cincel más grande en la base y haz líneas de corte en forma de ensamblaje japonés, como se muestra a continuación.

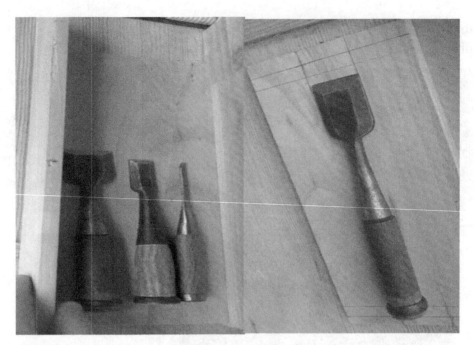

Corta la mortaja y la espiga, tal como lo indica el lápiz en las piezas de madera de la base y de los lados.

Midela junta lateral según la espiga de la junta base, como se muestra a continuación. Talla la espiga en la pieza de madera lateral según esta medida.

Corta una espiga y una mortaja similares, respectivamente, en el otro extremo de las piezas de madera.

Haz piezas de longitud y anchura parecidas de la caja con medidas similares de mortaja y espiga.

Hazun ajuste en seco, como se muestra en la siguiente imagen. (Sin tapa)

Corta la tapa según la medida de la pieza de madera base.

Cubre la caja con la tapa.

Sigue con el acabado y la coloración según tu elección.

5.Banco

Material necesario

- Pieza de madera(Se necesitan 2 patas, 1 unión de patas y 1 pieza de tapa)
- Plano alisador
- Sierra de mesa
- Calibre
- Sierra de mano
- Taladro
- Cincel
- Cuchillo de marcar
- Lija

Separala madera y haz el proceso de fresado para que la madera quede plana, cuadrada y lisa.

Alternativamentepuedes comprar madera S4S (ya fresada por los cuatro lados).

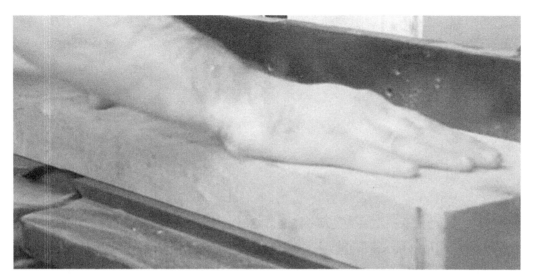

Aplicapegamento a las dos tablas, como se muestra a continuación.

Utiliza la pinza y aplica presión para pegarlos.

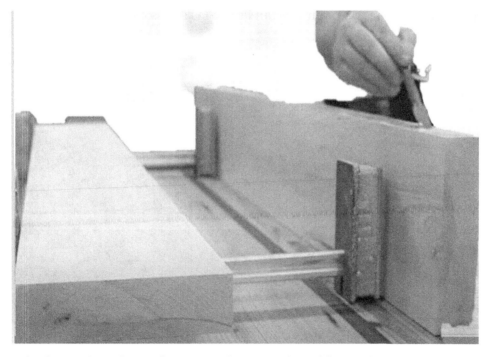

Despúes de quela cola se haya secado, pasa la tabla unida por el alisador. A continuación, aplicael alisador a todas las piezas de madera.

Elprimer ensamblaje sería de espiga en el extremo de la camilla que se extenderá entre las patas.

Utilizaun calibre para marcar el tamaño de la espiga y cortar con una sierra de mano. Retira el material de los bordes según la marca para crear un hombro.

Después cortala cuña, las ranuras están donde las cuñas entrarían.

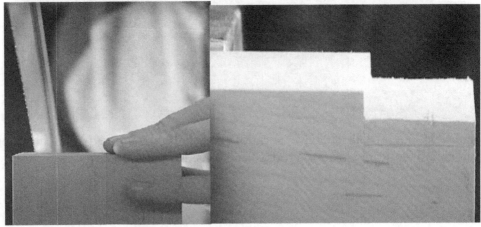

Hay muchas maneras de hacer un agujero. Puedes utilizar un taladro primero y un cincel después para crear cl agujero/mortaja deseado, como se muestra a continuación. Repite el proceso y haz la mortaja y la espiga en todas las piezas.

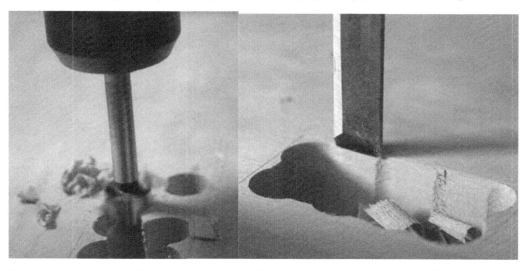

Laspatas estarán unidas por una pieza de madera a través de una sola junta y con la tapa superior a través de una doble junta, como se muestra a continuación.

Haz la tapa con dos agujeros en cada lado y la medida según la espiga hecha antes.

Pon cola en todas las juntas después de meter las espigas en la mortaja.

Lijala superficie.

Aplicael tinte/pintura de tu elección para el acabado.

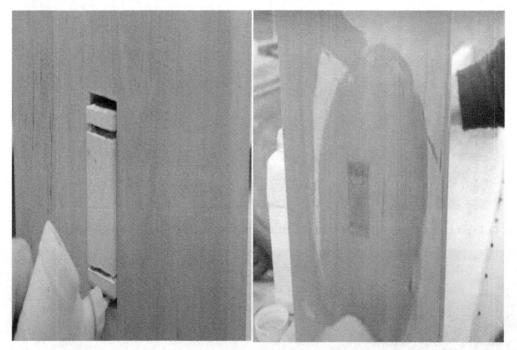

Después deaplicar 2-3 capas de acabado, abajo está el banco final.

8.Glosario

Caja - Una junta de esquina con dedos cuadrados entrelazados. Recibe presión desde dos direcciones.

Brida - La unión de brida se define comúnmente como lo opuesto a la mortaja y la espiga, y también se utiliza principalmente en las profesiones de carpintería e incluso de ebanistería.

El nombre se debe probablemente a que tiene cierta similitud con la forma en que el bocado se introduce en la boca del caballo y se sujeta a la brida.

A tope - La terminación de una pieza de madera se pega contra otra pieza de madera. Esta es la más simple, así como la unión más débil. A continuación, se muestran los tipos de unión a tope:a) A tope en T b) A tope de extremo a extremo c) A tope a inglete y d) A tope de canto a canto.

Encolado - La unión encolada se realiza cepillando dos piezas de madera dura para garantizar que, al colocarlas juntas, estén en contacto entre sí en todos los puntos. A continuación, se suelen unir con cola. Se conoce como junta a tope, junta de enganche, junta deslizada o junta abofeteada.

A media solapa - La unión a media solapase forma tras dividir las dos piezas por la mitad, es decir, cortando la mitad de la profundidad de la madera. Sin embargo, hay excepciones a esta norma, como en el caso del "corte a la mitad de tres piezas" (o, como se denomina en algunos casos, "tercer solapado") y en el corte a la mitad de madera con cantos rebajados o construidos. El corte por la mitad es uno de los métodos más sencillos para unir dos piezas de madera, precisamente cuando se desea hacer marcos.

Solapa - La terminación de una pieza de madera se coloca sobre otra pieza de madera y se une a ella. Debido a una gran área de madera de grano largo a grano largo, así como la cobertura de seguro de la superficie adhesiva, se trata de una junta muy sólida.

Ingleteado - El término ingleteado se utiliza normalmente para definir el tipo de unión que se utiliza en la esquina de un marco; o cuando dos piezas de madera se biselan para encajar la una en la otra, como el zócalo o el molde del zócalo. En estos casos, la madera dura se corta para asegurar que la junta va a 45 grados con respecto a la cara, y además, las dos piezas, cuando se juntan, desarrollan un ángulo de 90 niveles (un ángulo recto).

Mortaja y espiga - Una junta de mortaja y espiga es un tipo de junta que une dos piezas de madera u otro material. Los carpinteros de todo el mundo la han utilizado durante cientos de años para unir madera, principalmente cuando las piezas de madera contiguas se unen en un ángulo de 90°. En su forma básica, es simple y sólida.

La "unión de silla de montar" se utiliza para conectar los mensajes verticales a las cabezas de la estructura, y definitivamente toma su nombre de su parecido con la forma en que la silla de montar se ajusta al corcel. No daña la estructura como lo hace una unión de mortaja y espiga, y la contracción tiene poco impacto en la unión.

El método conocido como "scarfing" se utiliza para la unión de la madera hacia su tamaño, lo que permite al trabajador crear una junta con un aspecto liso o al ras en todas sus caras. Una de las formas más sencillas de la unión escarpada se conoce como media vuelta.

Lengüeta y ranura - La junta de lengüeta y ranura se utiliza en todos los oficios de la madera, ya que realiza una gran variedad de trabajos, desde la colocación de tablas para suelos hasta la construcción de armarios, librerías y otros trabajos de ebanistería. Como indica el nombre de la junta, en un tablero se crea una ranura, en el tablero de unión se produce una lengüeta, y los dos coinciden entre sí.

Sable - Una delgada franja de madera.

Madera con cuentas - Una moldura básica redonda. Igualmente, véase madera moldeada.

Bisel - Un ángulo, sin embargo, no un ángulo ideal. Una superficie inclinada o peraltada.

Carcasa - El revestimiento celular de madera de un hueco de puerta.

Panel de madera celular - Son comparables a los paneles de pizarra y listones, pero los listones y listoncillos crean el núcleo y están espaciados en paralelo o en forma de celosía. Los paneles son relativamente ligeros pero tienen cierta resistencia.

Chaflán - Los lados han sido retirados longitudinalmente en ángulo.

Copa - Doblez como resultado de la contracción, particularmente a lo ancho de una pieza de madera.

Ranura - La parte inferior de una pared interior, generalmente especificada con un riel moldeado.

Espesor - La masa de una sustancia, generalmente indicada en kg/metros cúbicos.

Distorsión - Cambio en la madera o en el material a base de madera causado por la contracción a medida que la madera se seca. Esto incluye el arqueo, la torsión y el ahuecamiento.

Cola de milano - Una de las piezas tiene una forma abocinada, como la cola de una paloma, y encaja en la cavidad u ojo de la segunda pieza.

Espigado - Pieza redonda o longitud de madera. También se conoce como madera acabada.

Ranura de goteo - Ranura cortada o moldeada en la parte inferior del umbral de una puerta o ventana para impedir que la lluvia vuelva a la pared.

Pizarra seca - Ver Manejo de la humedad.

Espacios en los bordes y en los extremos - El espacio entre los pernos y los lados, así como los extremos de las partes que se están uniendo.

Grano final - La cara revelada de la madera dura que se crea cuando se perfora un plano que es vertical a la veta.

Conjuntos de extremos - Ver Dedos articulados.

Dedos articulados - También se denomina unión por el extremo. Piezas de madera mucho más cortas se unen para crear una pieza mucho más larga. La unión se asemeja a dedos entrelazados.

Grano - La dirección básica de las fibras de la madera o el patrón generado en la superficie de la madera al cortar las fibras. También, ver grano final y grano corto.

Mortaja - Un canal largo y delgado. Igualmente, ver lengüeta.

Canal - El surco cortado por una sierra.

Nudo - Los restos de una rama en la madera. Una rama aserrada cerca del tronco crea naturalmente un ruido o un nudo vivo. Un muñón de rama roto que llega a estar rodeado de un nuevo crecimiento produce un nudo suelto o muerto en la madera.

Inglete - Dos piezas de madera forman un ángulo o junta creada entre dos piezas de madera cortando biseles en ángulos iguales en los extremos de cada madera.

Corte giratorio - El tronco se instala en un gran torno y se hace girar contra la cuchilla, que despega las chapas en largas láminas. También se denomina pelado o corte.

Espiga - El extremo de la madera que se ha rebajado en sección para adaptarse a un rebaje o cavidad del mismo tamaño o una lengüeta de previsión en el extremo de una pieza de madera que coincide con una mortaja equivalente.

Lengüeta - Disminución del grosor del borde de una tabla. Véase también Ranurado.

Articulación en V - Generalmente, madera machihembrada y acanalada con un canal en forma de V en la instalación de la tabla.

Chapa de madera - Una lámina fina o delgada de madera creada mediante corte rotativo, pelado o corte.

Bloque de madera - El bloque de madera es un revestimiento de suelo hecho de pequeñas tiras o bloques de madera, de unas tres pulgadas de ancho y nueve de largo, preparados en espiga, tejido de cesta y otros patrones geométricos.

Tablas de madera - Tablas en tamaños largos con medidas de cuatro pulgadas o más.

Listón de madera - Tablas más estrechas y cortas que las tablas y con hasta tres listones de madera por tabla.

9.Conclusión

Con esto llegamos al final de nuestro debate actual sobre el ensamblaje de madera. Hemos hablado de la carpintería tradicional, elensamblaje japonés y con CNC. Independientemente de la forma que se utilice, el concepto sigue siendo el mismo.

Por último, algunos consejos para los principiantes:

- Evitatrabajar con madera recién cortada, ya que ésta se encogerá después del montaje de la junta. Utiliza madera que se haya secado y esté preparada para el entorno exterior en el que se utilizará el producto terminado.
- Cuandofabriques un mueble que deba soportar una carga pesada, utiliza juntas más grandes o juntas de mayor naturaleza arquitectónica, como las espigas y las mortajas gemelas.
- Esto distribuirá la carga en un lugar más amplio y reducirá la tensión en la junta. Si el diseño de una pieza limita el uso de juntas grandes, utiliza varias juntas de menor tamaño para repartir el peso y reducir la tensión.
- Asegúrate de que las partes de una unión están efectivamente proporcionadas. Si una espiga en una unión de mortaja y espiga es demasiado gruesa, la parte de la mortaja se debilitará
- Cuando coloqueslas tablas de una junta, piensa en la dirección de la veta de los elementos, y orienta las maderas para compensar la actividad de la madera.
- Corta los componentes de una junta en paralelo a la veta.
- Paraalgunas uniones, como las colas de milano, utiliza la parte terminada de la unión (los pasadores) para formatear la parte de unión para que sea precisa.
- Utilizalos dispositivos de medición y marcado adecuados para realizar las uniones.
- Siuna junta requiere soporte, utiliza cola o pegamento junto con sujetadores, tacos, galletas o ranuras.

Con esto terminamos nuestra discusión. Espero que les haya gustado el contenido. Te agradecería que compartieras tus comentarios y opiniones en la plataforma. También puedes ponerte en contacto conmigo en valueadd2life@gmail.com.

¡Practica con seguridad!

Stephen

Manual de Torneado de Madera para Principiantes

Guía paso a paso con herramientas, técnicas, consejos y proyectos iniciales

Stephen Fleming

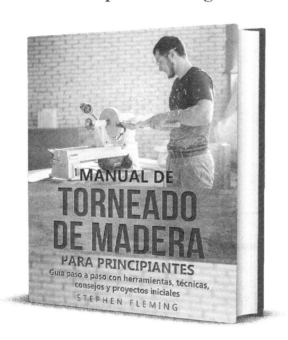

Folleto adicional

Gracias por comprar el libro. Además del contenido, también proporcionamos un folleto adicional que consiste en un planificador mensual y una plantilla de calendario de proyectos para tu primer proyecto.

Contiene información valiosa sobre la carpintería y la marroquinería. Descarga el folleto ingresandoal siguiente enlace.

http://bit.ly/leatherbonus

¡Éxito!

Advertencia

El torneado de madera puede volverse peligroso, ya que he visto y oído hablar de muchos accidentes desafortunados mientras se está trabajando; por lo tanto, es importante dar la máxima prioridad a la seguridad y la protección mientras se practica esta actividad.

Compartiré toda mi experiencia en este libro, pero es esencial recordar que, al igual que otros tipos de trabajo en madera, el torneado es naturalmente arriesgado.

No utilizar los dispositivos y herramientas de forma adecuada o no respetar las normas de seguridad recomendadas podría provocar lesiones importantes o la muerte.

Es tu responsabilidad asegurarte de que entiendestus herramientas y dispositivos y cómo utilizarlos correctamente antes de intentar iniciar un proyecto de torneado de madera.

Asegúrate de leer, reconocer y cumplir las directrices y precauciones de seguridad más actuales para tu torno y otros dispositivos.

Cualquier libro, video o cualquier otro medio de aprendizaje no puede sustituir el aprendizaje presencial con un experto. Estos medios de información son sólo una orientación adicional que debe utilizarse junto con una demostración práctica y la formación de un tornero experimentado.

Todos los proyectos mencionados son mi manera de hacerlo. Los mismos proyectos pueden ser ejecutados de forma diferente por otros. Así que utiliza cualquier técnica bajo tu propio riesgo.

Para resumir: El primer y más importante consejo es llevar todo el equipo de seguridad y seguir las directrices de seguridad cada vez que se practique el torneado de madera.

TABLA DE CONTENIDOS

PREFACIO

"Si no explotas un cuenco de vez en cuando, no te estás esforzando lo suficiente"- D. Raffin, maestro tornero

Cuando empecé a trabajar con madera, busqué desesperadamente una guía sobre los procesos y las herramientas que necesitaría.

El contenido que encontré en Internet era una sobrecarga total de información y no se presentaba de forma secuencial. Los libros que consulté se centraban en unos pocos procesos o daban por sentado que yo ya tenía la información necesaria. Además, muchos de los libros estaban muy desactualizados.

Hay dos formas de aprender; una es aprender de los expertos en la materia que tienen años de experiencia, y la otra es aprender de las personas que van unos pasos por delante de ti en tu camino.

Yo pertenezco a este último grupo. Llevo cinco años en esta afición y sigo aprendiendo de los expertos.

Todavía recuerdo las dudas iniciales que tenía y los consejos que me ayudaron.

Este libro es para aquellos que están en sus inicios (0-3 años) en la artesanía de la madera y quieren tener una idea global de los procesos y herramientas que necesitan.

He incluido fotografías de proyectos realistas para principiantes, y explicaré los procesos y procedimientos operativos estándar asociados a ellos.

En el último capítulo, he proporcionado consejos para principiantes y un glosario de términos de torneado de madera.

Éxito, y empecemos el viaje.

Stephen Fleming

1. Introducción al torneado de madera

Qué es el torneado de madera

El torneado de madera es el arte y el oficio de desarrollar artículos de madera diseñados en un torno.

El torno es un dispositivo creado inicialmente hace más de 3.000 años, que sujeta y hace girar un material como la madera o la roca para que pueda ser tallado rápidamente con herramientas afiladas.

Los artículos torneados en madera van desde bates de béisbol, patas de sillas y mesas hasta cuencos ceremoniales y escultura moderna.

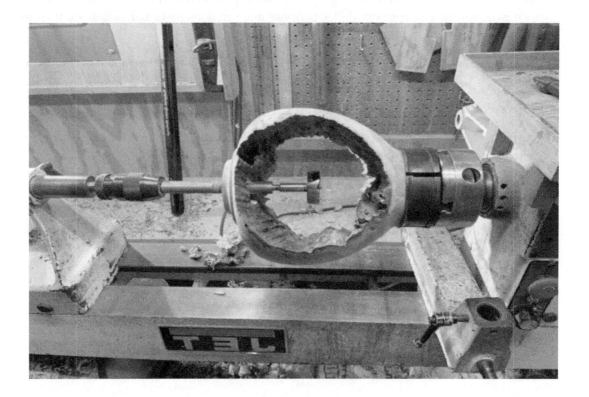

El torneado de madera es un arte agradable: el procedimiento es rápido y las virutas vuelan mientras el tornero trabaja. El torneado es un proceso apasionante a muchos niveles: es una tarea agradable de aprender, y con un poco de esfuerzo, el principiante puede acabar pronto con cosas excelentes.

Convertirse en tornero necesita un método, así como un profundo conocimiento de las propiedades de los distintos tipos de madera, el perfeccionamiento constante de la técnica, el conocimiento de las superficies, así como una sólida determinación para aprender lo básico y hacer algo que te guste.

Los tornos varían enormemente en dimensiones, desde el pequeño torno manual de un fabricante de relojes hasta los tornos de más de cien pies de largo para hacer mástiles. Los tornos pueden funcionar con un motor, con agua o con un ser humano, pero todos ejecutan la misma tarea: hacer girar la madera para poder esculpirla. De una sola máquina en manos del tornero competente, surge una vasta y notable selección de artículos.

Como ya sabemos, el torneado de madera consiste en dar forma a la madera mientras gira. La madera puede girar a un ritmo muy rápido, por lo que puede ser una práctica peligrosa. Es por esto que es buena idea pensar primero en la seguridad.

Introducción a la terminología de la tornería de madera

1. Equipo de protección personal

Entiendo que hablas del equipo de protección personal puede sonar aburrido, pero es esencial. Además, no es tan aburrido, y los torneros más geniales deben tener el mejor equipamiento.

Protección para los ojos: Llevo una visera que ofrece mucha seguridad ante posibles accidentes. También es una opción fantástica si eres como yo y llevas gafas.

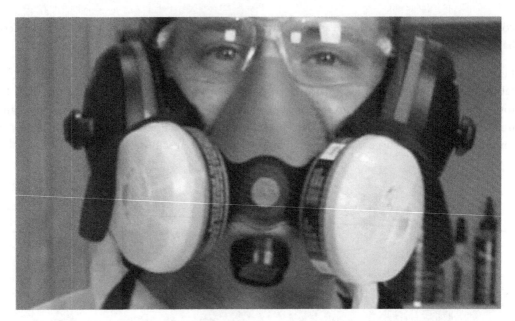

La segunda mejor opción para mantener los ojos seguros y sin riesgos son las gafas de seguridad. Son ideales para tener una visión clara. Yo prefiero tener un par extra para emergencias.

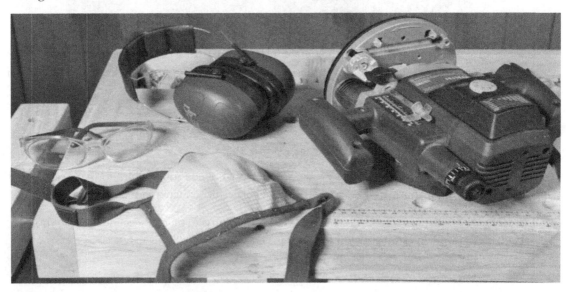

Protección para los pies: Esto no se discute mucho, pero las cosas podrían terminar mal si se te cae algo afilado en el pie.

Un calzado resistente protegerá tus pies de la caída de las herramientas.

Las botas o zapatos similares con puntera de acero harán un trabajo mucho mejor para mantener a salvo todos los dedos de los pies.

Protección de los pulmones: Este es un aspecto que a menudo se pasa por alto, pero que es muy importante. El polvo de la madera puede provocar asma y los carpinteros y ebanistas tienen cuatro veces más probabilidades de padecer esta enfermedad en comparación con otros trabajadores similares.

Puedes optar por un respirador con filtros de buena calidad. Un respirador adecuado no será incómodo de usar y mantendrá el buen funcionamiento de tus vías respiratorias.

También puedes conseguir un sistema de extracción de polvo. Son herramientas ruidosas pero útiles. Lo mejor del sistema es que puedes engancharlo a diferentes máquinas del taller, y esto eliminará el polvo de la zona.

2.Seguridad de los tornos

Ya lo he mencionado, pero es esencial que lo entiendas:

El torneado de madera puede ser peligroso; a diferencia de la mayoría de las herramientas de un taller, donde las cosas que cortan la madera se mueven un poco, la madera gira muy rápidamente, por lo que hay que pensar seriamente en la seguridad.

Podemos minimizar las amenazas, pero lo más probable es que sigan existiendo de una forma u otra, así que ten siempre cuidado con dispositivos poderosos e intenta pensar con antelación en lo que vas a hacer y también en lo que puede salir mal.

- **Velocidad**

Siempre aconsejo empezar a tornear a un ritmo más lento y que aceleres gradualmente el torno hasta que vaya lo suficientemente rápido como para funcionar correctamente. Si haces girar algo que no está correctamente equilibrado, lo más probable es que tanto el torno como la madera vibren. Cuanto más grande y más desequilibrado esté, más se notará este problema y más probable será que la madera se rompa y salga despedida del torno. Te alegrarás de llevar una visera/pantalla si te da en la cara. Es mejor dañar la visera que tu piel.

Si tienes algo enorme y desequilibrado, puedes empezar a un ritmo lento y crear un equilibrio gradualmente quitando madera de un lado. Esto hará que la obra esté mucho más equilibrada antes de aumentar la velocidad.

3.Herramientas

El torneado de madera requiere unas cuantas herramientas, además de un torno. Yo sugeriría que si eres novato obtengas un conjunto básico al principio, y descubras cómo utilizarlas antes de añadir más a tu colección.

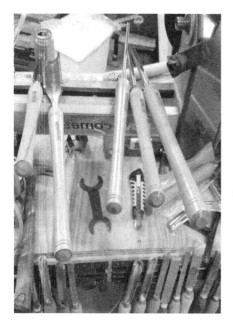 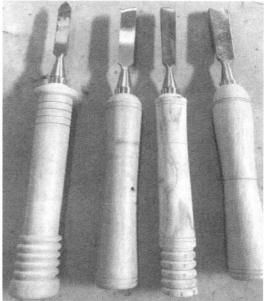

Hay un gran número de dispositivos de torneado diferentes por ahí, así como un montón de diferentes afilados o ajustes que puedes hacer para impactar en el rendimiento de tus herramientas. No te preocupes si no los tienes todos para empezar.

4. El torno

Observa la siguiente imagen de un torno para que conozcas cuales son las diferentes piezas.

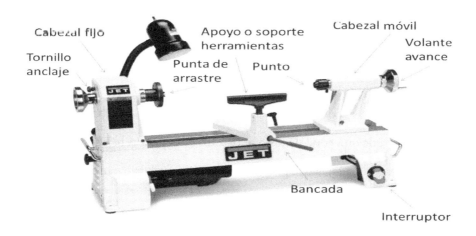

5.Broquero

Un broquero es un tipo de abrazadera especializada para sujetar un elemento de proporciones radiales, en particular un tubo cilíndrico. Tanto en los taladros como en lasfresadoras, sujeta la herramienta giratoria, mientras que en los tornos sujeta la pieza giratoria. En un torno, el broquero se instala en el husillo, que gira dentro del cabezal.

6.Gubia de desbaste

Es una herramienta grande que transfiere la mayor parte del peso.

Hace una forma áspera pero deja un acabado razonable.

Si quieres tornar una pieza en bruto cuadrada y hacerla redonda, la gubia de desbaste es la mejor herramienta que puedes utilizar.

Evita utilizar esta herramienta para hacer cuencos, ya que existe el riesgo de que se rompa debido a que su punto débil se adentra en el mango.

Desbaste

Es la mejor herramienta para desbastar la superficie, por lo que su nombre es muy apropiado.

Sigue siempre la regla de oro: corta de los puntos altos a los puntos bajos.

Además, utiliza una postura en la que puedas moverte con facilidad, permitiendo que tu cuerpo dirija la herramienta.

7.Gubia de husillo

Esta herramienta se utiliza para hacer cuentas, curvas, y se puede utilizar para formar trabajos de husillo sin mucha complicación.

Si has utilizado la gubia de desbaste, ésta se utiliza de forma similar pero es de un tamaño mucho menor. Es necesario chaflanar la gubia de husillo antes de su uso

Con esta herramienta, puedes pensar en colocar otras formas como cuentas y curvas.

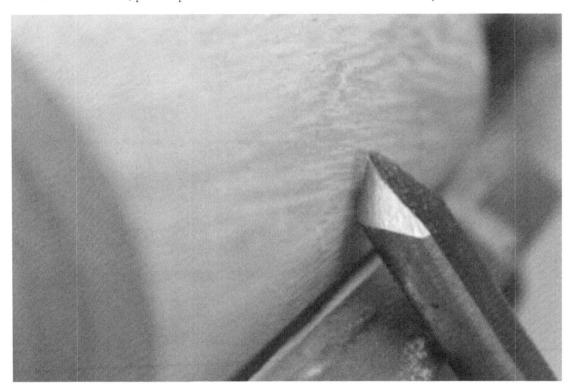

8.Cincel de pelar

Utilizado principalmente como dispositivo para el cepillado de la madera, transforma la superficie de la madera, haciéndola muy suave, por lo que prácticamente no necesita ser lijada.

Puede utilizarse para desarrollar detalles y para muchas otras tareas.

Esta herramienta tiene fama de ser dura y difícil de manejar. Pero en cuanto entiendas cómo utilizarla correctamente, será una herramienta beneficiosa.

Si concentras toda tu atención en esta herramienta, sólo tardarás un poco en acostumbrarte a ella. Yo también tuve mi cuota de accidentes con ella, y ahora entiendo que el cincel de pelar exige una concentración total.

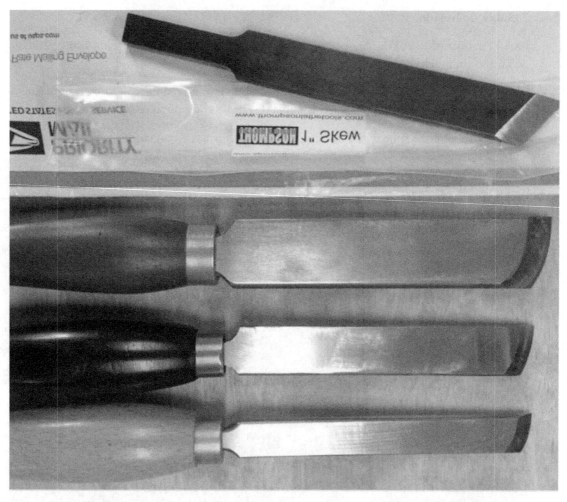

Al utilizarla, es imprescindible utilizar la parte central de la hoja. Si golpeas la madera giratoria con el extremo, es probable que se enganche y arruine su trabajo. Esto no es el fin del mundo. Sin embargo, puede dar un poco de miedo si no te lo esperas.

El cincel de pelar puede utilizarse para hacer una gran variedad de cosas; sin embargo, suele ser reconocido por su capacidad para ofrecer cortes de cepillado. Me gusta ajustar el apoyo de mi herramienta para que la madera esté lo más nivelada posible.

9.Herramienta ranurado:

Una de las herramientas fundamentales en la colección de torneado de madera es la herramienta de ranurado.

Se fabrica en muchos tamaños, pero si un novato me pregunta, le aconsejaría la herramienta de 6mm (1/4").

238

La operación básica de esta herramienta es dividir la madera en dos piezas separadas; sin embargo, se utiliza principalmente para hacer cortes de tamaño, como filetes en el torneado de espigas o espigas para técnicas de sujeción. El dispositivo de ranurado tiene muchos usos y también es una parte importante de cualquier kit de herramientas básicas de torneado de madera. Al igual que con cualquier tipo de dispositivo, sólo cortará eficazmente cuando esté afilado.

La herramienta de ranurado es, sin duda, la más sencilla de desarrollar. Al prepararla, es necesario afilarla a escuadra en el extremo, en lugar de en un ángulo sesgado.

10.Gubia curva

La gubia curva es una herramienta manual utilizada para cortar y dar forma a cuencos de madera en un torno. Esta incluye un mango unido a un robusto eje de acero.

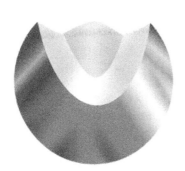 

Gubia curva   Gubia de husillo

11.Gubia curva con barrido trasero

Esto es prácticamente como una gubia curva normal, pero el final es diferente

Una gubia curvapermite un trabajo recto; mientras que el barrido trasero tiene aún más forma de U que permite utilizar las aristas de la herramienta como filos.

Esto hace que el dispositivo sea muy flexible, permitiendo una mejor gama de cortes.

Esta gubia curvate ofrece más opciones, sobre todo debido a las aristas.

Al hacer un plato con esta herramienta, puedes utilizar las aristas para cortar y luego arrastrar hacia el borde del cuenco.

Si no limpias el bisel, puedes correr el riesgo de que se enganche, o la herramienta puede cortar de forma mucho más agresiva de lo que se preveía inicialmente.

12. Tallador

Vienen en varios perfiles y actúan de manera comparable a una legra. A algunos torneros les encantan, mientras que a otros no.

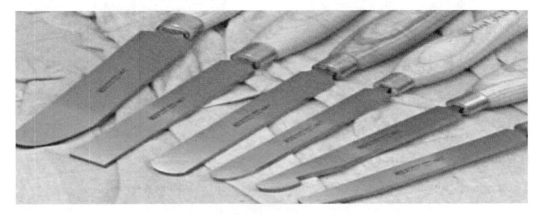

13.Afilar las herramientas

Creo que lo que realmente vale la pena al tornear es asegurarse de tener herramientas afiladas.

Las herramientas afiladas hacen que el trabajo de la madera sea agradable, ya que quitan el trabajo innecesario y dan resultados mucho mejores.

Existen muchos sistemas de afilado con hojas asociadas para garantizar la reproducción de afilados específicos.

Yo recomendaría descubrir exactamente cómo utilizar el sistema de afilado para tus herramientas, cada método será un poco diferente.

14.Tipos de torneado

Hay dos tipos principales de torneado. El torneado de husillo y el trabajo frontal.

Las técnicas utilizadas son en cierto modo intercambiables; sin embargo, hay que recordar algunas distinciones.

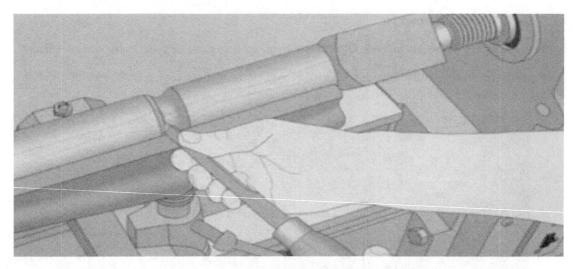

Torneado de husillo

Si la veta de la madera se mantiene en línea con el husillo o la bancada del torno, se denomina torneado de husillo. No importa si estás haciendo la pata de una silla o un florero; sigue siendo un torneado de husillo.

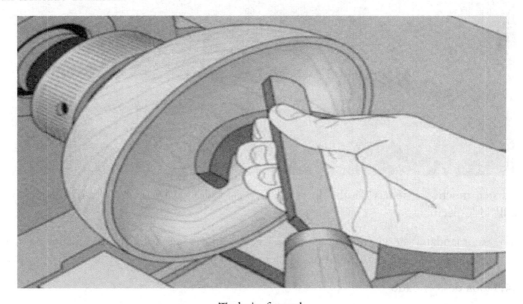

Trabajo frontal

Si la veta de la madera está en ángulo recto con respecto al eje del torno, entonces se llama trabajo frontal. Gran parte del torneado de arcoes un trabajo frontal.

Estas definiciones son necesarias, ya que establecen qué herramientas se utilizarán en un proyecto.

15. Lijado y acabado

Lijado

Es mucho más fácil hacer el lijado como parte del proceso de torneado de la madera. Este paso es sucio, así que lo ideal es ponerse una máscara antipolvo y utilizar también un extractor de polvo.

<u>Qué hacer</u>

Trabajacon el grano. Cuanto más bajo sea el número de un papel de lija, más agresivo será. Dependiendo de tus habilidades con las herramientas, puede que pretendas utilizar papel grueso para ocultar los errores, pero incluso si no lo haces, puede que tengas algunos cambios que podrían necesitar un poco de suavidad.

La dimensión del grano del papel de lija es el número, que está inversamente relacionado con la dimensión del fragmento. Un número pequeño, como 20 o 40, indica un grano grueso, mientras que 1500 muestra un grano fino.

Instrucciones de modificación: Puede que tengas la tentación de dejar que el torno haga todos los trabajos; sin embargo, esto podría no ofrecer los resultados más eficaces. El grano de la lija puede hacer rayas rojas; para evitar que esto ocurra, detén el torno después de terminar cada grano. Esto separará todas las líneas no deseadas.

Acabado

Lo importante es pensar en cómo se va a utilizar el objeto. Si es probable que se utilice y se lave mucho, es posible que quieras pensar en un acabado de superficie de melamina/plástico o incluso de CA.

Si se va a utilizar con alimentos o es un juguete, tendrás que encontrar un revestimiento seguro o apto para alimentos. Si deseas un acabado fácil de aplicar, podrías utilizar un revestimiento de aceite como el aceite danés o quizás la cera.

También podrías pensar en colorear el proyecto.

Acerca de la madera: Toxicidad de la madera y formas de protegerse

En general, hay tres grupos de toxicidad de la madera: irritabilidad, sensibilización y envenenamiento.

Inflamación/Irritación

La piel, las vías respiratorias y las membranas mucosas suelen agravarse con cualquier tipo de suciedad fina o serrín, ya que absorbe la humedad y, en consecuencia, reseca la superficie con la que la suciedad está en contacto.

El picor en la piel y los estornudos son dos ejemplos de inflamación fundamental ocasionada por el serrín fino. El grado de irritación es igual al tiempo de exposición y a la concentración de polvo de madera.

Sin embargo, la irritabilidad no siempre es benigna. Maderas como el nogal y el palisandro emiten olores agradables con bajos niveles de suciedad, lo que la mayoría de los carpinteros asocian como una de las ventajas de tratar con maderas. Sin embargo, los compuestos naturales de estas maderas que causan los aromas también son posiblemente tóxicos con una dosis mayor y una exposición directa.

Los resultados a largo plazo de la exposición al polvo de madera pueden incluir alergias al polvo o, potencialmente, cáncer nasal.

Sensibilización

Los materiales de la madera que desencadenan una alergia creciente tras una exposición frecuente se denominan sensibilizadores.

Este tipo de toxicidad es específica de las personas y tarda en establecerse: algunos individuos pueden experimentar una reacción considerable a la madera mientras que otros no.

Aunque la sensibilización suele requerir tiempo y una exposición directa repetida para crearse, es posible que algunas personas tengan una reacción alérgica a una madera en su primera exposición a ella.

Aunque no experimentes reacción alguna a la madera (o a su polvo) las primeras veces que te expongas a ella, sigue siendo vital que tomes precauciones y te manténs lo más alejado posible. Es más probable que tu cuerpo establezca una reacción cuanto más te expongas.

Envenenamiento

Casi nunca se descubren productos químicos peligrosos en la madera natural disponible en el mercado comercial.

La mayoría de los venenos de las plantas y los árboles se encuentran en la corteza y/o en la savia; hay algunas excepciones en el caso de las maderas raras.

En algunos casos, los productos químicos nocivos están presentes en los artículos de madera, como cuando se trata de madera tratada a presión para armarios de cocina, suelos o muebles.

Algunas maderas más comunes exigen que los trabajadores de la madera entiendan sus propias alergias. Los que tienen una reacción alérgica a la aspirina deben evitar el uso de maderas de abedul y de sauce (Betula spp. y Salix spp.) porque éstas tienen una buena cantidad de ácido salicílico, el ingrediente activo esencial de la aspirina.

Prevención

Puedes limitar tu exposición al polvo de madera cumpliendo los siguientes puntos.

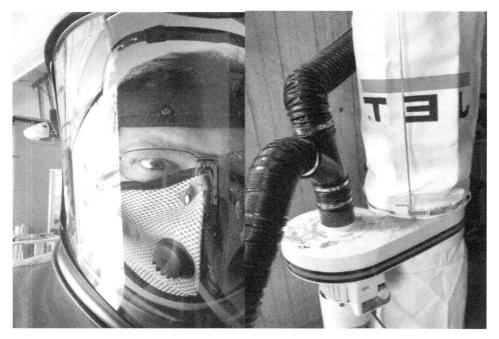

Equipamiento de seguridad   Colector de polvo

1.Utiliza un aspirador para recoger la suciedad en tu taller, así como para asegurarte de que tu cobertizo estáaireado.

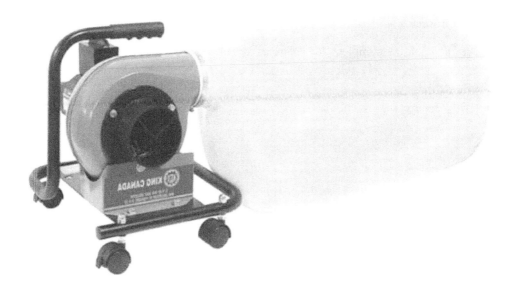

Colector de polvo

2.Utiliza dispositivos de seguridad mientras trabajas la madera: máscara antipolvo, gafas o un respirador completo, y también una barrera protectora como una loción. Aplica loción en los brazos o en la piel expuesta.

3.En cuanto hayas terminado de trabajar, cámbiate de ropa, lávala y dúchate. Esto evitará que el polvo de la madera se traslade a tu casa, donde tú o tu familia estarían sometidos a él repetidamente.

¿Qué pasa con la toxicidad de la madera en mi proyecto terminado?

"Para no omitir ninguna, el tejo es similar a estos otros árboles en apariencia general. Es un hecho comprobado que las vasijas de los viajeros, hechas en la Galia de esta madera, para contener el vino, han causado la muerte de los que las usaban."

-Pliny el Viejo, de Naturalis Historia, hacia el año 77 d.C.

Las cunas para bebés y también los utensilios para la comida son proyectos frecuentes en los que están interesados los carpinteros, y que necesitan ser fabricados con maderas y acabados "seguros". En resumen: una madera sellada y acabada no supone ningún riesgo de envenenamiento.

¿Qué sellador o acabado debes utilizar? Los artículos de acabado con base de disolvente (laca, barniz, etc.) son muy peligrosos en su estado líquido, pero cuando se utilizan y se secan, ambos acabados son completamente seguros.

Para proyectos como las ensaladeras y las tablas de cortar que estarán en contacto con los alimentos, realmente no es deseable un acabado duro (laca o barniz) que pueda astillarse o desprenderse. El aceite mineral, el aceite de teca o la cera son elecciones comunes y seguras para estos proyectos.

**Enlace a la lista completa de alergias y niveles de toxicidad de la madera (en inglés)https://www.wood-database.com/wood-articles/wood-allergies-and-toxicity

2. Proceso y técnicas

Tipos de torneado de madera

Torneado en verde: El torneado de madera recién cortada con un alto contenido de humedad se denomina torneado en verde.

Es sencillo, ya que los dispositivos cortan rápidamente la madera y crean menos polvo.

Sin embargo, como la madera se contrae al secarse, un torneado verde puede deformarse o fracturarse.

Algunos torneros permiten deliberadamente que la madera se deforme para que cada pieza terminada tenga una forma única. Otros intentan reducir las distorsiones girando una pieza dos veces.

La primera vuelta se hace cuando está verde, dejando un grosor óptimo para que se seque bien. La segunda vuelta se hace cuando ya está seca, y da la forma final.

Torneado de bordes naturales: Incluye el tronco o la rama exterior del árbol, así como sus bordes.

Usualmente se usa esta técnica para completar cuencos o recipientes huecos.

Torneado multieje: El método de torneado de una pieza solitaria numerosas veces, utilizando varios conjuntos de centros cada vez. Se puede volver a montar la pieza a mano o utilizar un broquero único para mantener la pieza fuera de su centro exacto.

Torneado ornamental: Se trata de un enfoque que requiere una máquina especializada llamada torno de motor rosa. La pieza se coloca en un cabezal oscilante y una herramienta giratoria corta patrones únicos y ornamentales.

Torneado segmentado: Cualquier torneado que incluya numerosas piezas pequeñas de madera en su diseño. Los torneados segmentados consisten en aquellos en los que todo el torneado está hecho de secciones y aquellos en los que sólo una pequeña porción del torneado es fraccionada. Los torneados segmentados de mayor tamaño pueden constar de varios miles de piezas de madera, todas ellas cortadas con precisión y ensambladas para formar diseños o cuadros únicos.

¿Qué necesitas para empezar a tornear madera?

Necesitas algo que haga girar la madera. Un pequeño torno para principiantes es una excelente opción; no necesitas un torno enorme y fuerte para empezar. Una opción más es hacer tu propio torno usando un taladro o una prensa de taladro si te sientes creativo.

¿Cuál es la diferencia entre un torno grande y uno pequeño?

Torno pequeño   Torno grande

Por lo general, el tamaño de la madera que se vas a tornear es lo que define qué tipo de torno se va a utilizar.

Si deseas tornar piezas más grandes, entonces se necesita un torno más grande. Por ejemplo, los tornos de sobremesa de menor tamaño pueden tornar piezas de unas 10 pulgadas, mientras que los tornos más grandes pueden tornar cuencos de hasta 24 pulgadas.

La longitud de la bancada es una distinción adicional. Los tornos más grandes tienen longitudes de bancada más largas; sin embargo, muchos tornos más pequeños también vienen con una extensión.

Un torno más grande será sin duda más robusto y también puede tratar con elementos extra grandes de madera sin temblar. Sin embargo, si asegurastu torno adecuadamente y utilizas piezas de madera de tamaño moderado, no tendrás muchos problemas, independientemente del tamaño del torno que tengas.

¿Qué accesorios necesitas?

La mayoría de los tornos vienen con un cabezal fijo, un cabezal móvil y un eje principal, eso es todo lo que necesitas para empezar, aparte de las herramientas de torneado.

¿Necesitas un broquero?

Broquero

Bueno, depende. Muchas personas tornan con broqueros, pero muchas personas se convierten en hábiles torneros de madera sin uno. Ciertos artículos son menos complicados de tornear utilizando un broquero, como las cajas huecas y los cuencos; sin embargo, hay muchos otros artículos que puedes tornear y para los que no necesitas un broquero.

¿Qué tipo de dispositivos necesitas?

Aquí tenemos las herramientas ideales y herramientas de corte de carburo de hoy en día. La principal diferencia entre ambas es la curva de aprendizaje. Los dispositivos de corte de carburo son más sencillos de utilizar, mientras que con las herramientas típicas requieren de más tiempo para aprender el método correcto.

Además, hay que afilar los dispositivos convencionales con una amoladora a medida; sin embargo, eso no es un problema con los de corte de carburo, ya que se pueden cambiar las puntas cuando se desafilan.

Los dos tipos se utilizan de forma diferente. Una herramienta convencional, como una gubia de desbaste, por ejemplo, se sujeta en ángulo, apuntando hacia arriba en dirección a la madera mientras se corta, mientras que los dispositivos de carburo se sujetan directamente.

¿Cómo establecer el torno?

Cuando hayas sacado de la caja tu torno, en primer lugar, colocael centro de giro y el centro de tiempo real, y asegúrate de que están satisfactoriamente en la mitad; esto es importante si haces torneado de husillo.

Otra cosa beneficiosa es poner un poco de WD40 o algún otro lubricante en la bancada para que todo se deslice más suavemente. Asegúrate de volver a aplicar el lubricante cada vez que lo uses.

Si tienes un torno de mesa, debes atornillarlo para asegurarlo.

Del mismo modo, asegúrate de examinar sus correas, para que estén en el ritmo adecuado de lo que estás intentando hacer.

¿Cuándo se utilizan las distintas velocidades?

Al establecer inicialmente una pieza de madera en el torno, comienza lentamente.

Si el torno empieza a tambalearse, disminuye la velocidad. Luego, en cuanto tu pieza esté centrada, puedes aumentar la velocidad.

Ten en cuenta que si estás trabajando con un elemento de madera con irregularidades, debes ser mucho más cauteloso y comenzar más lento; de lo contrario, puede romperse.

¿Se puede tornar cualquier tipo de madera?

Fundamentalmente, se puede tornear con cualquier madera; sin embargo, es una gran idea mantenerse alejado de cualquier cosa tratada y comprimida. Además, ciertas maderas tropicales como el cocobolo y el palisandro pueden causar cierta irritación. No les sucede a todos, pero algunas personas tienen una reacción peor que otras.

Además, sea cual sea el tipo de madera que estés torneando, puede provocar problemas si inhalas el polvo. Recuerda que debes usar una máscara o un respirador.

Torneado de diferentes maderas

Aunque se puede tornear cualquier madera, algunas son más blandas y otras son más duras. Por ejemplo, la madera de montaje es blanda, mientras que las maderas como el nogal y el arce son más duras. Después, maderas específicas como el manzano o el cerezo también son más difíciles de tornear que el nogal, pero también son más bonitas cuando se trabaja en ellas.

¿Cuándo trabajar en madera húmeda o completamente seca?

Utilizas madera seca cuando no tienes intención de que se mueva después de haberla torneado. Si estás haciendo cajas, puedes utilizar madera completamente seca; al hacer esto, la tapa no se desajustará.

La madera verde (o húmeda) se utiliza con frecuencia para los cuencos. Al principio, se tornea en bruto cuando la madera está húmeda, luego se deja secar completamente durante un año aproximadamente, y después se vuelve a tornear finamente.

La madera húmeda es muy diferente a la madera seca. Es mucho más blanda, más cómoda de tornear y mucho más agradable.

¿Por qué comprar un torno?

Pues bien, el torneado de madera te abre muchas puertas y te permite hacer cosas que son difíciles de conseguir por otros medios. Es una gran manera de desintoxicarse digitalmente y una forma emocionante de pasar el tiempo.

Por ejemplo, si estás fabricando una mesa, puedes tornar patas redondas con diversos diseños. Se pueden hacer cuencos y platos, además debates de béisbol, pomos y otras cosas diversas que pertenecen a la "familia redonda" de artículos.

Cómo elegir una madera para tornear

Hay cuatro factores principales que puedes utilizar para reducir la lista a la hora de elegir la madera para el torneado:

1. Tarifa/Precio
2. Tono/Color
3. Durabilidad
4. Trabajabilidad

Tarifa/Precio

Esto puede parecer obvio, pero es un punto de partida razonable.

Independientemente de tus conocimientos de carpintería, sabrás cuánto puedes invertir en el trabajo; esto puede eliminar muchas alternativas costosas que no necesitas considerar.

Ahora bien, puede que estés pensando que"no tengo ni idea de cuál es el precio de las distintas maderas...".

Está bien, aunque promuevo la compra en los almacenes de madera locales cuando sea posible, puedes hacer uso de las tiendas online como fuente de precios aunque no les compres a ellos (y en algunos casos, necesitas comprar online ya que tu vendedor local puede no tener lo que necesitas).

Lo más probable es que un sitio como WoodWorkersSource.com o BellForestProducts.com tendrá muchas opciones, y también puedes buscar el tamaño de la pieza en bruto que necesitas dentro de un rango de precios determinado.

Esto te ofrecerá un punto de partida.

Cuando hayas reunido una lista de las maderas en tu rango de precios, puedes empezar a reducir aún más los nombres.

Tono/color

Voy a proceder y explicarlo antes de que te lo preguntes: sí, puedespintar un artículo de madera clara. Sin embargo, esto ciertamente no te proporcionará el mismo aspecto que la madera de color original, y si tu pieza alguna vez se daña, se notará, pero puede ser un medio para obtener un artículo de aspecto hermoso a un precio más bajo para empezar.

En cuanto a la tonalidad, sin duda solo se acercará a lo que buscabas.

Esto no es más que un calificativo adicional que puede ayudar a diluir un mar sustancial de grandes opciones.

Si deseas oscurecer un elemento de madera, hay varias opciones que pueden ser más adecuadas que el tinte. Te ofrezco tres ejemplos:

1.La fumigación con amoníaco: es un procedimiento por el que la madera se expone en un entorno contenido a los humos que emite el amoníaco al vaporizarse durante un periodo de tiempo bastante breve. La madera llegará a ser considerablemente más oscura o incluso prácticamente negra.

2.Quemado: Proceso de oscurecimiento en el que un soplete quema la madera y luego se retira la ceniza negra del exterior, revelando una pieza de madera dramáticamente más oscura debajo.

3.Ebonización: Este proceso utiliza ingredientes de la casa. La solución está hecha de vinagre, que ha tenido lana de acero en remojo durante varias semanas. Cuando se aplica a un artículo, reacciona con los taninos de la madera para crear un tono oscuro.

No soy un profesional en estos enfoques de oscurecimiento, y ciertamente asumiría que cada uno funciona mejor en unas maderas que en otras.

Cada enfoque también tiene sus riesgos asociados, así que asegúrate de hacer tu investigación en cada técnica para garantizar que sepas precisamente cómo hacerlo con seguridad e incluso correctamente antes de intentarlo.

Durabilidad

Algunas de las cualidades de la madera duradera son la dureza/densidad, la resistencia a la putrefacción y la resistencia a los insectos.

Un punto a tener en cuenta es que la firmeza de la madera no tiene nada que ver con la categoría de "madera".

Esa clasificación proviene de las semillas del árbol, por lo que no hay que pensar que toda la madera es dura o pesada.

Una de las maderas más blandas es la madera de balsa, que se clasifica como madera dura.

Dureza/Densidad

Para proporcionarte un estándar, aquí hay algunas maderas comunes que podrías escuchar que se utilizan a menudo:

Pecan:
Solidez - 1820 lb-pie.
Espesor - 46 lb/pie.

Arce:
Solidez - 1450 lb-pie.
Espesor - 44 lb/pie.

Roble blanco:
Solidez - 1350 lb-pie.
Densidad - 47 lb/pie.

Fresno blanco:
Solidez - 1320 lb-pie.
Espesor - 42 lb/pie.

El uso de una madera más densa proporcionará más peso a tu pieza, lo que puede dar una sensación de mayor calidad.

El uso de una madera más dura dará a tu pieza un poco de resistencia adicional a los daños y también a las abolladuras, lo que podría ser útil si la pieza es útil en lugar de decorativa.

Resistencia a la putrefacción/resistencia a los insectos

Algunas maderas soportan mejor la humedad y también son más resistentes a los insectos que otras, por lo que son preferibles para aplicaciones exteriores y acuáticas.

Aunque se puede conseguir mucha protección con diferentes técnicas de acabado, tener una madera que se adapte mucho más naturalmente a estos escenarios nunca es algo malo.

Con respecto a estas dos normas, simplemente tendrás que hacer un pequeño estudio para cada madera que estés considerando. Esto puede ser de gran ayuda a la hora de elegir la madera adecuada para un proyecto específico para garantizar que dure mucho tiempo.

Trabajabilidad

La madera dura es más difícil de trabajar. Según nuestra experiencia:

Las maderas blandas son más sencillas de tornar y no desafilaban los dispositivos con tanta rapidez.

Sin embargo, incluso un pequeño deslizamiento de la herramienta seguramente haría que la gubia traspasara la madera.

Además, los proyectos finales se estropean mucho más fácilmente debido a su suavidad.

Por último, pero no por ello menos importante, no se pueden llevar estas maderas a un tamaño tan pequeño como las maderas duras, ya que son más débiles.

Algunos consejos más

1.Asalta los contenedores de chatarra y también las ventas inmobiliarias para reunir una serie de maderas para probar y también para ver con qué te gusta trabajar y qué crees que queda bien.

2.Consigue un cuaderno, y cada vez que conviertas algo, anota

- Qué tipo de madera era y qué pensabas de ella
- Cómo resultó.
- Cualquiertipo de problemas como daños o desgarros.
- Quétipodeacabadohasutilizado
- ¿Te ha gustado esta determinada madera?

3.También puedeshacer una hoja de cálculo que contenga especies de madera con especificaciones para asegurarte de que siempre que tengas una tarea en mente, puedas ir a esa hoja de cálculo, ver los datos disponibles, filtrar por normas específicas y, con suerte, seleccionar una madera excelente para el trabajo.

3. Acabado

Consejos de lijado

Una superficie bien lijada es un requisito previo para un acabado de alta calidad. A continuación se ofrecen algunos consejos para el lijado:

- Utilizapapel de lija de alta calidad, y tíralo cuando esté desgastado.
- Ilumina de forma completa o lateral el área de la superficie de lijado para notar cualquier problema.
- Pasa los 320 o 400 granos de la lija por la pieza sin perder ninguno.
- Cuandocreas que ha terminado de lijar, lija una vez más con la veta (y el torno apagado) para eliminar los arañazos.
- Asegúratede no crear calor al lijar, o quemarás la superficie, dificultando la adherencia o penetración de un acabado.
- Limpiala superficie con una toalla de papel antes de aplicar el acabado.

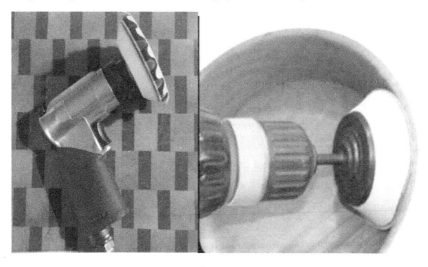

Lijadora eléctrica

Opciones de acabado

No existe un único acabado adecuado para todas las tareas de torneado de madera.

Entonces, ¿por dónde empezar a la hora de elegir el acabado adecuado para tu proyecto?

El criterio para elegir el acabado ideal para tu proyecto de torneado depende de muchos factores como:

- Tipode madera
- Eltamaño del proyecto y el uso previsto
- Refuerzo
- Tiempo de secado
- Brillo requerido (satinado o brillante)
- Facilidadde aplicación
- Solventeo base de agua
- Limpieza
- Reparabilidad

Comúnmente, el novato pensará que lograr un acabado satisfactorio es un reto y seguramente utilizará un acabado que cubra todas las bases. Sin embargo, esto es limitante y no tiene en cuenta las necesidades de la madera en función de su uso final.

¿La pieza es puramente ornamental? ¿No estás seguro de lo que pretendes hacer con la pieza, o quieres revelar la belleza de la veta de la madera?

Al ver un proyecto de torneado, suele ser el tipo de acabado o la exigencia del acabado lo que define el trabajo.

El error más importante que cometen muchos es aplicar demasiado acabado y terminar con rayas o irregularidades y un lijado mal realizado. Aquí pretendemos solucionar estos errores.

Productos de acabado

Selladores

Este segmento está formado por gamas de celulosa, acrílico y goma laca. El grupo también incluye la laca de melamina precatalizada, que es un sellador impermeable. Se utilizan para sellar la madera antes de utilizar un acabado, pero también pueden utilizarse como acabado final. Los selladores de lijado se diluyen al 50%, haciendo uso de un agente diluyente adecuado para permitir la aplicación en áreas más grandes mientras permanece húmedo en todo el artículo. También permite que el producto inunde en todo el proyecto si es necesario. Si se deja puro, suele ser difícil obtener una cobertura uniforme con el producto.

Ceras

Existen varios tipos de ceras, como las de pasta blanda o las de barra dura, y las que pueden colorearse. Lo mejor es utilizarlas sobre un sellador, aunque algunos tipos nuevos pueden usarse sobre la madera desnuda.

Acabados resistentes y duraderos

Las lacas y los aceites entran de lleno en este apartado. Algunos pueden impregnar la madera; otros desarrollan un acabado superficial y pueden variar en brillo, satinado o mate. Se cree que el aceite es uno de los acabados más duraderos, pero no es necesariamente la mejor apuesta para resistir las marcas de los dedos y la contaminación por suciedad.

Cera de abejas

Acabados decorativos

Es el tipo de acabado que personaliza o altera el aspecto de la madera. En algunos casos, puede cubrir el producto hasta el punto de que ya no parezca madera. Este complejo grupoincluye tintes de color y también ceras que se relacionan con la madera desnuda junto con productos químicos como la lejía.

Seguridad alimentaria

Si la pieza va a estar en contacto con alimentos, el acabado debe ser no tóxico, lo que significa que debe cumplir los requisitos del gobierno federal (si se aplican). Por el contrario, puedes utilizar cera de abeja pura, aceite vegetal/mineral o parafina líquida, todos ellos aplicables, además de muchos otros tipos de acabados que tu proveedor puede proporcionar.

Abrasivos

Deben tratarse como una herramienta de corte adicional, y realmente se obtiene lo que se paga por ellos. Los abrasivos de alta calidad no son de bajo costo; tienen que ser de tela y flexibles y no deben agrietarse cuando se doblan. Por lo general, están hechos de óxido de aluminio y son resistentes al calor, además de ser impermeables hasta cierto punto. Las calidades que utilizo son 80, 120, 180, 240, 320 y 400 de grano. Suelo empezar a lijar con grano 80, ya que mis herramientas de torneado se afilan en una amoladora en seco equipada con una muela de aloxita blanca de grano 80, que genera 80 rayas por pulgada a lo largo del filo. El abrasivo de grano 80 eliminará rápidamente cualquier tipo de hinchazón o protuberancia de la superficie de trabajo. Cuando trabajaba como aprendiz de cantero abrillantando granito, recuerdo que si me saltaba un grado, tenía que empezar de nuevo: no hay atajos para conseguir un acabado excelente.

Paños/papeles para pulir

Algunos dicen que la ropa, otros afirman que el papel, pero yo utilizo ambos dependiendo de la tarea en cuestión. La tela de cordero se utiliza para lijar el sellador, así como para pulir las ceras, mientras que el papel se utiliza para frotar el pulimento y los aceites. Sin embargo, hay que tener en cuenta que todas las toallas de papel tienen una calidad superior propia, por lo que puede llevar tiempo descubrir la adecuada para ti. Comienza con una toalla de papel de cocina de alta calidad, pero asegúrate de no enroscar NUNCA ningún tipo de paño o papel alrededor de tus dedos. Además, nunca permitas que las hebras sueltas se enreden alrededor del equipo de torneado o del trabajo.

Lana de alambre y también Nyweb/Webrax

La lana de alambre 0000 se utiliza para reducir los acabados y los selladores. Nyweb y Webrax son formas sintéticas de lana de alambre que no se deterioran tan rápidamente como la lana de alambre habitual, y no dejan restos al utilizarlas. El método básico para el acabado es lijar, sellar y luego utilizar la capa de acabado. Sin embargo, cuando se utiliza aceite, hay cambios en esta técnica.

Lijado del exterior

1.Reduce la velocidad del torno a la mitad y utiliza un trozo de abrasivo doblado en dos para lijar el exterior de tu cuenco. Ten en cuenta que debes mantener el movimiento de la lija, nunca te detengas en una zona, ni dejes que se raspe tu última capa de acabado. Termina el trabajo gradualmente con el grano de 80-400.

2.Con el torno parado, utiliza una brocha de 25 mm (1 pulgada) y una generosa capa de sellador de lijado en el exterior del plato, moviéndote rápidamente para cubrir toda la superficie mientras está todo húmedo. Hazlo rápidamente, o una parte se secará antes causando un acabado desigual.

3.Con el torno aún apagado, elimina el exceso con tela de cordero. Cuando esté seco, enciende el torno y limpia con la tela.

4.Utiliza Nyweb para recortar la superficie y eliminar el aumento de grano y el exceso de producto. Repite el proceso en varias capas.

5.Añade una capa moderada de cera en pasta y déjala secar completamente. Ten paciencia, ya que los tiempos de secado varían a lo largo del año.

6.Enciende el torno y con una toalla limpia pule la superficie del cuenco. Pasa primero un punto limpio del paño.

Por último, lija el interior

1.Utiliza la misma técnica para lijar el interior de tus cuencos, pero esta vez, lija el cuenco en el cuarto inferior izquierdo entre las 6 y las 9 horas.

2.Además, lija el interior con fuerza. Observa el ángulo en el que se presenta el cabezal para permitir que sólo el borde inferior toque la cubeta giratoria

3.Intenta utilizar una almohadilla de lijado más grande de lo que sueles utilizar; cuanto más grande sea la almohadilla, más superficie de contacto tendrás, lo que se adapta mejor a la distancia. Esta superficie de contacto más grande tiene la ventaja de tener la capacidad de nivelar cualquier ondulación de la superficie mejor que una almohadilla más pequeña.

4.Además, puedes utilizar una lijadora de inercia/de cizallamiento pasivo para eliminar las marcas de lijado radial que aún puedan aparecer en el exterior.

Enfoque para la aplicación de una capa de acabado de aceitecombustible

Aplicar aceite lleva tiempo; sin embargo, ofrece a la madera un brillo mucho más profundo, así como riqueza. Al lijar con aceite, la cantidad de polvo fino que se genera en el taller es mucho menor; también se rellena el grano, dejando la madera con una sensación mucho más suave y cálida. Esto es óptimo cuando se hacen cosas que entran en contacto con los alimentos. Lija como lo harías normalmente, asegurándote de que no quede ningún daño en el exterior del plato. Al terminar con el aceite, es una gran sugerencia cubrir la base del torno. En este caso, decidí utilizar aceite danés.

1.Coloca una capa abundante de aceite en tu cuenco, utilizando un pincel de 25 mm (1 pulgada), y déjalo reposar durante 10 minutos. Durante este tiempo, el aceite se impregnará en la superficie de la madera.

2.Repón el aceite y enciende el torno en su configuración más lenta. Utilizando un abrasivo viejo de grano 400, procede a lijar el cuenco a medida que avanza la arena de afinado. Si parece demasiado espesa y no se extiende correctamente, añade un poco más de aceite y continúa.

3.Continúa lijando hasta que aparezca una lechada en el exterior de la madera.

4.Limpia y seca completamente, luego haz funcionar el torno y pule con papel. Ahora pon el artículo a un lado en una zona sin polvo y deja que se seque durante 24 horas. Al día siguiente, incluye una capa más de aceite aplicando con una brocha y dejándola reposar un rato, luego limpia y seca completamente. Continúa hasta que consigas el acabado deseado (a mí me parece que dos o tres capas suelen ser suficientes). Una vez que el aceite esté completamente seco, es posible que el cuenco necesite un pulido adicional con una sustancia reductora como la cera. Esto suele ser suficiente para que la pieza quede perfectamente brillante.

Pulido por fricción

Este producto suele ser mal utilizado por los principiantes y sólo debe emplearse en productos pequeños. La mayoría de los fabricantes especifican que no se necesita sellador; sin embargo, me parece que no es así: se puede conseguir una capa de acabado muy superior cuando se utiliza un sellador.

1.Lija el artículo como de costumbre. Lijar la parte superiorte permite ver lo que estás haciendo

2.Utiliza un cepillo pequeño para el scllador de arena que hayas elegido y coloca un trocito de tela de cordero en la parte posterior del artículo con el torno en marcha, esto sin duda atrapará el exceso y lo pulirá de una vez.

3.Continúapuliendo. Si tienes demasiado producto en el artículo, gran parte del mismo se eliminará durante este procedimiento.

4.Utiliza Nyweb para la superficie y elimina cualquier otro exceso.

5.Con el pincel sumergido en el esmalte de fricción, aplica lo mismo que hiciste con el sellador. Sin embargo, esta vez utiliza una toalla de papel doblada por la mitad.

6.Da un último pulido al artículo utilizando una parte limpia del papel.

4. Seguridad y buenas prácticas

Instrucciones de seguridad

El mejor consejo/cita sobre seguridad en el torneado de madera que he encontrado es: "*El exceso de confianza es la peor pesadilla de los torneros*". No podría estar más de acuerdo y enfatizar la importancia de ser cuidadoso en todo momento mientras se trabaja. A continuación están las instrucciones:

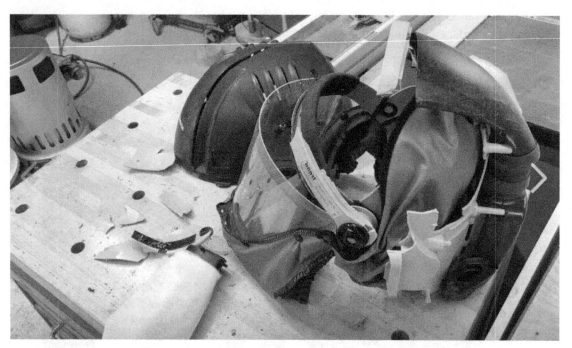

Ejemplo de accidente 1:

"Esta es la razón por la que se usa la seguridad facial. Un trozo de almendra de 25 libras acaba de estallar y se desprendió de mi torno. Mi Air Tend Pro está en numerosos pedazos. Recibí el golpe, pero salí con un par de pequeños cortes, así como un enorme golpe en la cabeza. Tengo que admitir que estoy asustado. El Air Trend está roto, pero sin él, yo lo habría estado. Sin duda, reforzaré mis medidas de seguridad antes de reanudar".

Instrucciones generales

- Por favor,lee, comprende y sigue todas las directrices y advertencias de seguridad que incluyen el funcionamiento de tu torno y otros dispositivos diversos antes de intentar utilizarlos. El incumplimiento de las precauciones de seguridad que figuran en los manuales de tus dispositivos puede provocar lesiones graves.
- Manténtu torno como se indica en el manual. Busca daños, mala alineación, atascos y cualquier cosa que pueda causar problemas cuando enciendas el torno.
- No intentes manejar un torno sin una formación adecuada o sin haber desarrollado un conocimiento apropiado de su funcionamiento seguro.

- Nuncamanejes un torno o cualquier otro dispositivo eléctrico si estás enfermo, cansado, distraído o borracho.
- Evitalas distracciones imprevistas. Mantén a los niños y a los animales domésticos alejados de la zona del torno mientras trabajas. Además, procura que cualquier persona que entre en la zona entienda que no debe distraer tu atención mientras el torno está en funcionamiento.

- La exposición al polvo de madera puede provocar la sensibilización de la piel y del sistema respiratorio, pudiendo dar lugar a reacciones alérgicas graves tras una exposición repetida o directa a concentraciones menores del polvo.
- Trabaja siempreen un lugar con un flujo de aire adecuado y utiliza una máscara antipolvo, un respirador o un casco con circulación de aire para evitar el peligro de respirar polvo. Un respirador especialmente excelente al lijar y también al trabajar con maderas exóticas.
- Manténel suelo de tu espacio de trabajo ordenado y despejado para evitar resbalones o tropiezos al trabajar.
- Asegúrate de quehaya suficiente luz y también espacio para moverte libremente.
- Llevaun protector facial de calidad que cumpla con las normas mientras torneas madera. Las gafas normales no proporcionan la seguridad adecuada.
- Llevauna defensa auditiva adecuada, especialmente al tornear.
- Por favor,no lleves nada que pueda quedar atrapado en el torno mientras esté en funcionamiento. Esto significa que nada de anillos, relojes u otras joyas.
- Llevacamisetas con mangas cortas, o remanga las mangas largas. No te pongas prendas sueltas. Recoge tu cabello si lo tienes largo. No lleves guantes mientras tornees.

Uso seguro de las herramientas de torneado

Utiliza las herramientas tal y como se han fabricado después de leer el manualy las directrices. Un uso inesperado podría provocar lesiones graves o la muerte. Por ejemplo, no puede utilizar una gubia de desbaste en un cuenco. Las gubias de desbaste no están construidas para manejar la tensión asociada con el torneado frontal y podrían romperse, causando posiblemente lesiones importantes.

Trabajar en el torno

- Colócate en el lado apropiado del torno; la maderadebe girar hacia ti.
- Inspeccionala configuración de la velocidad del torno antes de ponerlo en marcha.
- Empiezalentamente y mantenlo hasta que la pieza se transforme, sea redonda y esté equilibrada.
- Mantén una velocidad lenta para los torneados de mayor diámetro. Adapta la velocidad al proyecto de transformación.
- Siempreapagael torno y permite que se detenga por completo antes de cambiar la colocación del soporte de la herramienta o del portaherramientas.
- Nunca cambies el portaherramientas mientras el torno esté en funcionamiento. Nunca detengas con la mano una superficie de trabajo en rotación.
- Antes deponer en marcha el torno, asegúrate de que la pieza está montada de forma segura entre el centro de accionamiento del cabezal y el contrapunto o sujeta firmemente con una broquera de cuatro patas. Cuando la pieza de trabajo esté protegida en un broquero, utiliza el contrapunto siempre que sea posible como un paso más de seguridad.
- Colocael portaherramientas lo más cerca posible de la pieza de trabajo, pero asegúrate de que no quede atrapado en ninguna parte de la pieza durante el torneado. Vuelve a colocar el soporte de la herramienta después de retirar el exceso de madera de la superficie de trabajo del proyecto para mantener el apoyo necesario para tus herramientas.
- Antes deponer en marcha el torno, gira siempre la pieza de trabajo con la mano para ver si pasa por la bancada del torno, el portaherramientas y el banjo. Comprueba siempre que todas las tuercas y tornillos están bien apretados.
- Asegúratede que todos los protectores, las cubiertas de las correas y otros atributos de seguridad están correctamente instalados y son seguros antes de poner en marcha el torno. Elimina cualquier producto, herramienta o pieza innecesaria del espacio de trabajo antes de poner en marcha el torno.
- Compruebatu superficie de trabajo para ver si hay divisiones, astillas, inclusiones u otros problemas que puedan comprometer la estabilidad de la madera ytal vez hacer que la superficie de trabajo se desprenda o se salga del torno. No intentes tornear piezas que tengan problemas sustanciales.
- Continúa inspeccionando la superficie de trabajo mientras gira, deteniendo el torno regularmente para examinar los problemas expuestos por la eliminación del producto.
- Nodejes nunca el torno funcionando solo.

- Manténafiladas las herramientas de torneado, que dejarán una mejor superficie y necesitarán mucha menos presión para cortar la madera, reduciendo la probabilidad de una lesión. Nunca fuerces una herramienta desafilada.

- Mantén una posición equilibrada. No te estires ni utilices una presión extrema para realizar cualquier operación de la máquina.

- Mantén siempre los dedos detrás del soporte de la herramienta al girar. Si los dedos quedan atrapados entre el soporte de la herramienta y el material de torneado, pueden producirse lesiones graves.

- Utiliza ambas manos para mantener el control total de tus dispositivos, con una mano hacia delante para regular el lado de corte y la otra hacia atrás.

- Paradisminuir la probabilidad de que se produzcan enganches peligrosos, lleva siempre la herramienta a reposo, asegúrala allí y utilízala para cambiar la superficie de trabajo giratoria.

- Siemprereubica el banjo fuera del camino y deshazte del soporte de la herramienta antes de lijar con precisión una pieza en el torno. Si no lo haces, corres el riesgo de lastimartus dedos o torcerte la muñeca.

- Nunca utilices un paño para aplicar la cobertura o pulir mientras un trabajo esté girando en el torno. El paño podría enredarse y tirar de tu mano justo en el giro, posiblemente causando lesiones graves.

Ejemplo de accidente 2 :

Me acaban de recordar la importancia de usar herramientas de seguridad. El cuenco que estaba torneando se rompió en uno de los anillos de desarrollo. No había señales cuando inspeccioné antes.

Mejores prácticas de torneado de madera

Configuración del espacio de trabajo

El lugar, sobre todo alrededor de tu torno de madera, debe estar despejado y sin residuos, dispositivos o cualquier barrera. Los cables eléctricos suponen un riesgo cuando están bajo los pies. Yo mantengo mis cables eléctricos detrás del torno, donde no me enredaré con ellos.

Las virutas de madera comienzan a acumularse y pueden convertirse en una amenaza. Mi maestro de torneado de madera tiene la ideología de que una fina capa de virutas en el suelo es algo bueno. También he dejado caer muchos objetos pequeños como tornillos y llaves hexagonales. He utilizado una banda magnética de mano como truco para pasar por encima de las virutas y reubicar muchos de esos objetos caídos.

Asimismo, tengo una cómoda alfombra antifatiga apoyada en el suelo donde me pongo de pie mientras torneo cuencos, lo que hace que mi tiempo de torneado sea muy cómodo. Como mínimo, la alfombrilla antifatiga evita que me duelan las piernas después de todo un día de torneado. Además, la alfombra es muy fácil de levantar para quitar el polvo de mi lugar de trabajo.

Llevar el equipo de seguridad

Siempre que se esté cerca de un torno, es un buen hábito utilizar el equipo de seguridad. Los dispositivos de seguridad esenciales para el torneado de madera son las gafas de seguridad, los protectores faciales completos, el calzado de seguridad, los respiradores y un sistema eficaz de filtrado de aire.

Ejemplo de espacio de trabajo

Equipamiento de seguridad

Iluminación

Asegúrate de tener mucha y buena luz en el torno. Una o dos luces flexibles son esenciales para iluminar la zona de trabajo. Una excelente luz móvil, con ángulo lateral, ayuda ailuminar los lugares altos y bajos de la superficie de la pieza. Utiliza una luz flexible como ésta para iluminar completamente tu torno.

Estado físico y mental de los torneros

El estado de tu ser físico y mental es tan crucial o incluso más vital que cualquier trabajo mecánico que estés realizando.

Si no te sientes bien, estás cansado o intoxicado, es mejor que apagues el torno hasta el día siguiente.

Date un respiro y no presiones si tu estado físico puede perjudicar tu juicio y tus capacidades motoras.

Puede ser un reto autodetectar los problemas, ya que generalmente somos los últimos en admitir que debemos parar. Los pequeños errores, como los enganches que no suelen producirse, pueden ser una señal temprana de que ha llegado el momento de hacer una pausa.

Un carpintero trabajando en un torno

Trabajar en un torno: buenas prácticas

Antes de empezar a tornear, tenemos que asegurarnos de que el lugar alrededor del torno está bien definido y preparado.

Cualquier herramienta o producto añadido debe estar bien alejado.

Varios tornos tienen una bandeja de herramientas para llaves de broquero, llaves hexagonales, así como otros accesorios debajo de la bancada. Esto es muy útil yaque cualquier herramienta no necesaria puede almacenarse en el lugar previsto, y no se desprende fácilmente.

Un torno de ejemplo

Antes de fijar la pieza en bruto del cuenco de madera en el torno, reubica el apoyo de la herramienta, el banjo y el contrapunto, de modo que queden totalmente fuera del camino,asegúrate de que la corriente está desconectada y ajusta la velocidad del torno a la más adecuada para tu proyecto.

Ajuste de la placa frontal

Si decides montar el cuenco en bruto en una placa frontal, utiliza tornillos para madera de alta calidad y no tornillos para yeso.

Los tornillos para paneles de yeso son mucho más finos y también se fabrican de forma más barata en comparación con los tornillos para madera, y pueden romperse ante la fuerza de torsión durante la transformación.

Además, asegúrate de que los tornillos son lo suficientemente largos como para sujetar el cuenco en su sitio, pero no tanto como para dificultar la forma deseada. Cuando el espacio esté preparado y todo listo, es el momento de llevarlo al torno. Con la corriente apagada, da vueltaal cuenco en bruto con la mano y observa si gira rápidamente.

Si esto ocurre, puede implicar que el cuenco está descentrado.

Placa frontal montada sobre pieza de madera

Enciende el torno y acelera gradualmente la velocidad. Si hay una vibración notable a velocidades lentas, reconsidera el enfoque de la placa frontal o el broquero.

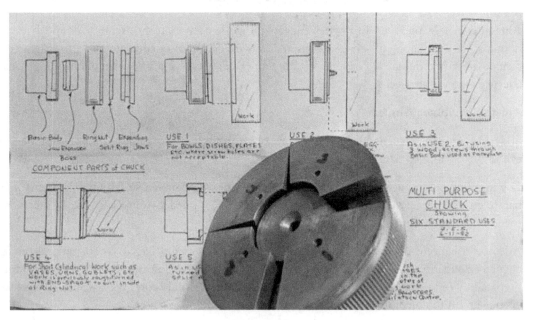

Un broquero polivalente

Si la pieza con la que trabajas está descentrada a propósito, entiende que seguramente tendrás que girar el bol a un ritmo mucho más lento como consecuencia de esta desigualdad.

Velocidad óptima del torno

Para comprobar la velocidad óptima de equilibrio del torno, la regla general es aumentar lentamente la velocidad hasta que la pieza de madera empiece a vibrar, y luego empezar a disminuir la velocidad hasta que deje de hacerlo. Ese punto es la velocidad óptima requerida para tornear con eficacia.

Comprueba el contacto con un torno.

Una vez que la pieza en bruto esté colocada y preparada, coloca el banjo y el apoyo de la herramienta en su sitio. Con el torno apagado, gira las manijas del cabezal y gire el artículo ampliamente varias veces para asegurarse de que ninguna parte del plato en blanco entre en contacto con el reposa herramientas, el banjo o cualquier otra parte del torno.

Posición del tornero

Cada corte que se realiza al tornear un cuenco de madera debe pensarse con un poco de antelación. Este es un excelente método para empezar, que se convertirá en un hábito.

Normalmente empiezo por girar y formar el bajo del cuenco desde el lado del contrapunto. Mientras hago estos cortes, no me pongo delante del torno en la trayectoria del torneado. He tenido herramientas que han dejado de funcionar, enviando cuencos al suelo y trozos de madera volando.

Desde el lado del contrapunto, suelo tener una posición excelente para observar la acción como espectador sin estar en contacto con ninguna de las locuras.

Incluso al hacer un corte de nivelación en la parte inferior del espacio del cuenco, coloca la mayor parte del cuerpo hacia la izquierda, o el lado del cabezal si eres diestro, de modo que sólo los brazos y las manos estén delante del elemento giratorio.

Torno móvil

Si estás utilizando un torno móvil, colócaloen un lugar donde te resulte fácil tornear madera.

Es necesario que la herramienta esté en un lugar al que se pueda acceder a los interruptores sin pasar por encima de la madera.

En caso de que el torno no disponga de esta característica, y el interruptor sólo sea accesible si se alcanza por encima de la madera, considera la posibilidad de alejarte del torno y dar la vuelta a la mesa hasta el interruptor si algo va mal.

Soporte para herramientas

Un soporte de herramientas es una barra horizontal ajustable para apoyar una herramienta manual al girar.

El soporte de la herramienta debe estar tan cerca de la pieza en bruto como la herramienta necesite.

Ejemplo desoporte para herramientas

Cada herramienta es diferente, y el soporte debe ajustarse para cada una de ellas.

Velocidad del torno

No existe una velocidad perfecta para tornear un cuenco de madera. Sin embargo, hay que tener en cuenta algunos aspectos a la hora de ajustar la velocidad. En general, no giro los cuencos a más de 1.000 r.p.m. Casi nunca hay necesidad de velocidades mucho más rápidas que ésta.

Ejemplo de accidente 3:

Mi primer torno tenía un cabezal giratorio para poder trabajar de frente, y lo utilicé así casi exclusivamente. Esto requería un brazo de extensión entre el banjo y el portaherramientas que llevaba a este último por encima del centro de rotación.

No me di cuenta de lo peligroso que era. Rompí dos banjos, una gubia Sorby y destrocé uno de mis dedos favoritos más de una vez.

Parar y cambiar el soporte de la herramienta

Antes de mover y cambiar el soporte de la herramienta, detén el torno. Lleva un poco más de tiempo; sin embargo, es mucho mejor que recibir una bofetada de un cuenco giratorio en el torno.

Cambia el soporte de la herramienta, de modo que se posicione para ofrecerte la ventaja de tener una palanca, literalmente, así como para producir un mejor corte de la herramienta que estás utilizando.

Acabado

Cuando estés lijando, o siempre que haya fragmentos de polvo en el aire, asegúrate de ponerte una máscara antipolvo o un respirador. Si estás decidido a utilizar el torno mientras lijas, hazlo a un ritmo lento.

Antes de empezar, aleja el soporte de la herramienta, el banjo y el contrapunto del recipiente de torneado, para que no presenten un punto de enganche.

Esto es un gran problema, y además veo que la gente lo hace regularmente. Nunca utilices ningún textil para aplicar el acabado al cuenco mientras gira. Puedes utilizar una toalla para acabados como aceites si el torno está apagado.

En su lugar, utiliza toallas de papel para aplicar los productos de acabado si la pieza está girando. Si la toalla de papel se engancha, se romperá y no causará ningún daño.

Luego de finalizar

Limpiar el lugar y guarda todas las herramientas, dispositivos y materiales, especialmente los de acabado. Desecha las toallas de papel y los paños usados de acuerdo con las indicaciones del fabricante en el embalaje del artículo. Recoge todas las virutas y prepara la zona para la próxima vez que se utilice.

5. Diez proyectos de torneado de madera para principiantes

1.Cuenco

Paso 1: En primer lugar, un poco de información sobre las herramientas necesarias para el torneado de madera. Aquí están los aparatos que utilicé en este proyecto. Hay opciones mucho más baratas de todas estas cosas si tu presupuesto es reducido.

Las utilizadas para el proyecto fueron:

- Broquero
- Juegode brocas Cole
- Sierra de cintaLaguna 1412
- Dispositivos para tornear madera simple
- Dispositivos detorneado de carburo.
- Torno

Paso 2: Cortar la madera.

Corta tu tronco por la mitad a lo largo; después, corta un elemento cuadrado para una de las bisecciones.

Marca la madera y coloca la placa frontal.

Asegúrate de utilizar tornillos resistentes en este caso; los tornillos para paneles de yeso no tienen una gran resistencia.

Paso 3: Desbaste

Para empezar, desbasta el fondo de su bol.

Lo mejor es dar forma al exterior y luego empezar a desarrollar la forma de tu cuenco.

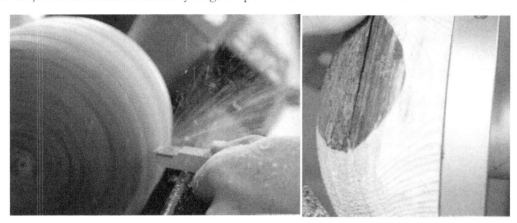

Deshazte de la menor cantidad de material que puedas, o de lo contrario, acabarás con un cuenco más pequeño de lo necesario.

Cuando el fondo esté listo, corta una sección y coloca el cuenco justo en los brazos de tu broquero. Esto podría convertirse en un producto para la venta, dependiendo del resultado.

Con el cuenco en el broquero, comienza a desbastar desde el interior de tu cuenco.

Es conveniente que las paredes, tanto exteriores como interiores, sean paralelas. El grosor de la superficie de la pared es opcional.

Asegúrate de buscar grietas en el proceso; los troncos están llenos de ellas. Si tienes una enorme, puedes estabilizarla con epoxi.

Paso 4: Lija el cuenco por dentro

Después de obtener la forma deseada en el paso anterior, aumenta la velocidad del torno y realiza pasadas poco profundas. Esto dará como resultado una superficie más bonita y suave, siempre que las herramientas estén bien afiladas.

Luego de este paso es necesario lijar la superficie interior del cuenco mientras que todavía está montado en el torno. Puedes utilizar papel de lija de grano 120 a 600.

Paso 5: Alisa la base del cuenco

A continuación, colocatu cuenco en el conjunto de brocas Cole en tu broquero. Hay varios otros métodos para hacer esto; sin embargo, estas brocas bastante fantásticas para este tipo de tarea.

Elimina la sección que has creado en el paso anterior para sostener la pieza y después empieza a hacer el fondo del cuenco más liso.

Si el fondo es cóncavo, el cuenco quedará plano. Es esencial completar el procedimiento de lijado una vez más. Puedes empezar con un grano 80 en caso de que se produzcan más desgarros.

Etapa 6: Acabado

El siguiente paso es rociar poliuretano para el acabado. Es sencillo y rápido. También puedes aplicar colores si lo deseas.

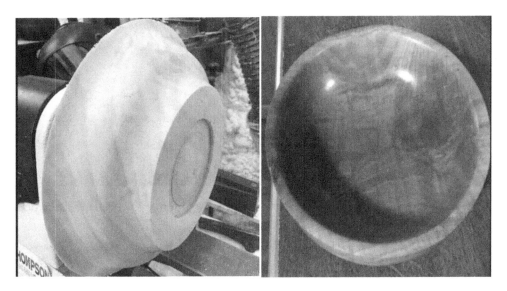

2.Rodillo

Herramientas necesarias

- Gubia de husillo
- Gubia de desbaste
- Cincel de punta redonda
- Madera de sicomoro
- Herramienta de corte
- Torno

Tomauna tabla de madera con las dimensiones según tus necesidades; digamos que aquí tomamos 16 pulgadas por 3. Asegúrate de que el soporte de la herramienta está en línea con la bancada. Asegúrate de que todo está bien asegurado antes de poner en marcha el torno.

Comienzacon una gubia de desbaste. Repite el mismo paso en el otro extremo para hacerlo cilíndrico.

Ahoramarcamos las asas del cilindro en ambos lados. Aquí tomamos media pulgada de ambos lados y los marcamos como el final de las asas.

Después,marca la longitud del mango en ambos lados, como se muestra arriba.

Utilizala herramienta de corte en las marcas de media pulgada de ambos lados, como se muestra a continuación. (la línea del final en ambos lados)

Parahacer las asas, primero hay que utilizar una gubia de desbaste y luego una gubia de husillo, como se muestra en las imágenes de abajo.

Ahora utiliza una gubia de husillo para hacer el mango del mismo radio deseado en cada extremo.

Aplicapapel de lija a partir de grano 150 hasta grano 180. Usa un respirador y mantén el papel en movimiento todo el tiempo.

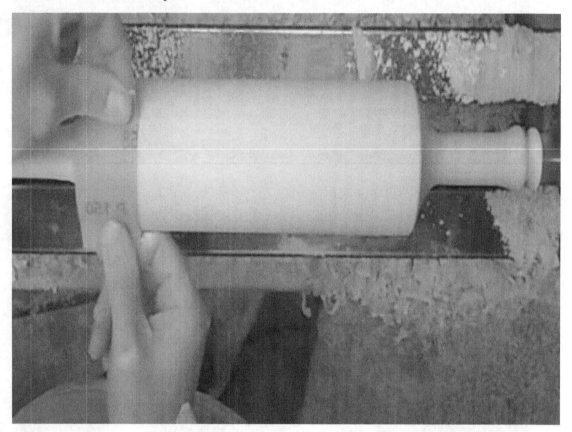

Acabaaplicando aceite de uso alimentario frotándolo a lo largo de la veta. Pon 2-3 capas de recubrimiento.

3.Bate de béisbol

Herramientas necesarias:

- Pieza de madera para bates de 36"
- Torno de madera
- Dispositivos de giro
- Escuadra
- Calibradores exteriores
- Papel de lija
- Acabado de aceite/barniz
- Sierra japonesa de alta calidad

Recogiendo la madera:

Empieza por encontrar una pieza en bruto de arce o fresno del norte. El tamaño debe ser de aproximadamente 3"de circunferencia y 36" de largo.

Cuanto más recta y ajustada sea la veta, menos posibilidades habrá de que se rompa al utilizarla.

El material que ha sido clasificado para hacer bates es mucho mejor que el que se encuentra en la tienda de maderas duras del barrio.

Puedes encontrar algunas fuentes estupendas en Internet.

285

Si no puedes encontrar una pieza en bruto redonda, puedes empezar con una pieza en bruto de sección transversal cuadrada.

A continuación, bisela los bordes largos para que la sección transversal sea octogonal.

La pieza en bruto debe ser 3" más larga que la longitud final para que los recortes no perjudiquen el resultado.

La siguiente acción es marcar el centro del tubo cilíndrico en ambos lados. Puedes hacer uso de un buscador de centros si tienes uno.

Si no, una buena técnica es utilizar una escuadra para grabar un ángulo perfecto dentro del círculo.

Dibuja la línea donde los catetos del cuadrado se cruzan con la circunferencia. Esa línea será el centro.

Repite lo mismo una vez más después de girar el cuadrado 90 grados, la intersección de esas dos líneas es el centro.

En el centro, utiliza un punzón para hacer un agujero.

Desbasta la pieza en bruto

Monta la pieza en bruto en el torno.

Yo utilizo una instalación viva en el contrapunto y una instalación escalonada en el cabezal.

Monto el bate de manera que el agarre del pate esté más cerca del cabezal.

Me resulta más cómodo tornear de esta manera, y parece que vibra menos; sin embargo, si lo montas con el borde grueso en el contrapunto, la mayoría de los cortes serán "cuesta abajo".

Convierte la pieza en bruto en un tubo cilíndrico, asegurándote de que no te desvías de su tamaño por más de 2,75".

Ajusta la velocidad a 800 rpm, ya que es un ritmo excelente.

Marca el bate

Podemos marcar el bate colocando líneas a lápiz cada 3" en la pieza en bruto, incluyendo el extremo del mango y la parte más gruesa.

Sostén un lápiz en el espacio de torneopara dejar una línea clara.

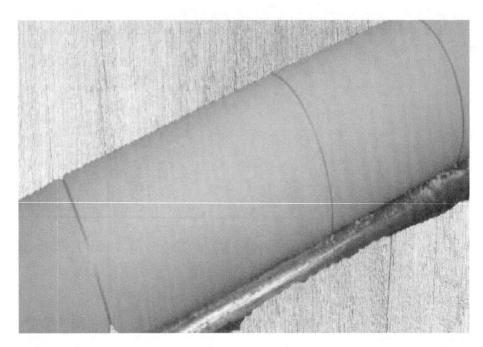

Mide la profundidad

Utilizamos una herramienta de separación para hacer un pequeño canal en el extremo.

El diámetro de este corte debe dejarse aproximadamente 1/8" más grande que la dimensión final.

Empezando por el extremo hacia abajo, corta a fondo las 3 o 4 primeras de estas marcas

Puedes añadir aproximadamente 1/16" a la medida para cortar y lijar. Con un cincel, corta la pieza en bruto hasta que el calibre apenas se deslice.

Formación/conformación del cañón

La gubia de desbaste puede utilizarse de nuevo para eliminar gran parte de los residuos entre los cortes.

A continuación, pon el torno a 1200-1600 rpm.

En mi caso, intento mantener un contorno justo entre los cortes centrándome en la parte trasera de la silueta del cañón.

A continuación, utilizo un corte oblicuo para alisar la superficie.

Aunque señalo las herramientas de las que hago uso, otros dispositivos de transformación pueden funcionar igual de bien.

Suelo lijar el cañón con papel de lija de 100 (o lo que requiera el revestimiento de la superficie) antes de pasar a cortar el resto del bate.

Esto me permite conseguir una gran superficie lijada antes de que el bate se sienta un poco suelto en el torno.

Fabricación del mango y el pomo

Sigue utilizando la herramienta de separación para marcar la profundidad adecuada de los cortes.

Utiliza la gubia de husillo, o el cincel oblicuo para nivelar la curva entre las marcas hechas con la gubia de corte.

Las formas y tamaños de los pomos varían mucho y son una cuestión de elección personal, no influyen en la eficacia.

Lijado

Dependiendo de la calidad de la superficie y del nivel del contorno, necesitarás diferentes cantidades de lijado.

Si la superficie es rugosa y no es perfectamente lisa, hay que empezar con una lija de grano 80.

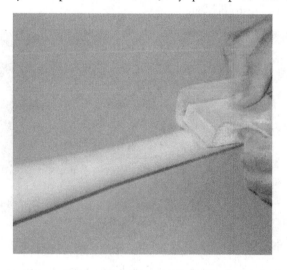

Para ayudar a suavizar la forma y no empeorar los defectos, es útil colocar un pequeño bloque de madera dentro del papel de lija, para no limitarte a abrillantar las partes superiores y las grietas.

Si la superficie es más lisa, puedes empezar a lijar con papel de lija de grano 100 o 120.

Generalmente lijo en numerosos pasos hasta llegar a 220 pero ya dejé de intentar un acabado más suave tras ver como mis hijos tiran los bates y los cubren de alquitrán.

Acabado:

Una mezcla de aceite y barniz parece ser el mejor acabado. Puedes adquirir este tipo de revestimientos en la tienda de equipamiento o hacer tu propia combinación.

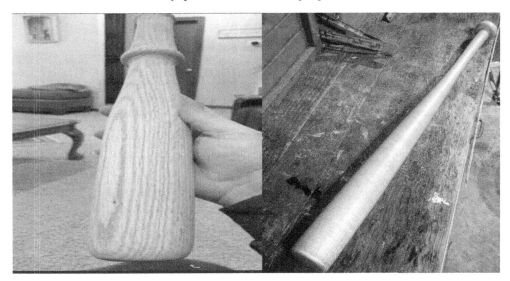

Puedes dar un par de capas de acabado mientras el bate está todavía montado en el torno.

Yo usualmente utilizo un paño de papel empapado con la mezcla y lo sostengo contra el bate giratorio.

Recorta los extremos

Utiliza el cincel oblicuo sostenido verticalmente para realizar cortes muy limpios en la fibra final.

Si utilizas una gubia o una herramienta de raspado, ten cuidado en este punto, ya que la limpieza de las marcas dejadas en el grano a largo plazo es muy difícil.

A continuación, elimina el exceso con un cincel de separación y deja también un reborde para que la sierra trabaje sobre él.

Corta el saliente de la parte superior del bate a unos dos centímetros de diámetro.

Después de eso, retira el bate del torno, usa una pequeña sierra japonesa para cortar los pequeños nudos y luego lija los extremos.

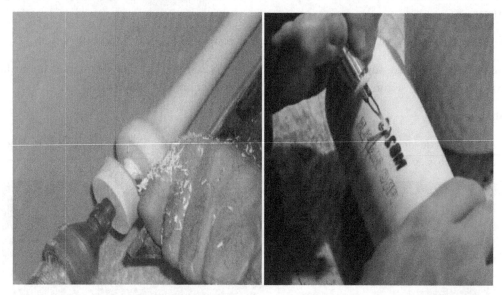

La última acción es utilizar aún más revestimiento. Suelo lijar en húmedo la superficie ahora con lija de grano 400, así como hacer tantas capas como mi persistencia o los niños permitan antes de que uno de ellos quiera sacarlo y jugar con él.

4.Cantimplora de madera

Herramientas necesarias

- Untorno robusto con una placa frontal
- Una brocagrande (alrededor de 1") y también una forma de transformarla
- Un cincel de talla
- Uncincel recto
- Papel de lija
- Unasierra
- Madera
- Pegamento
- Recubrimiento de madera

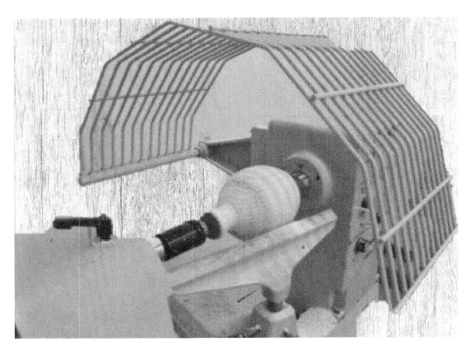

Perfora y fija el centro

El primer paso es el procedimiento estándar de torneado de madera.

Perfora la boca de la botella inicialmente y utilízala para establecer los centros.

Esto asegurará que estás comenzando con una forma concéntrica con la boca en el centro.

Por ejemplo, puedes utilizar un trozo de abeto Douglas de 6" x 6". En este paso hay que terminar el primer giro sin problemas.

Lija y haz cualquier otra cosa para completar esta superficie ya que no la volverás a montar.

A continuación, hay que volver a montar la pieza para crear la forma cóncava interna.

Puedes utilizar una sierra de cinta para cortar los elementos de dos lados, dando una superficie de montaje plana para la placa frontal.

Conserva esas dos piezas de madera; vas a utilizar al menos una de ellas para tapar la gran abertura que ahora vas a perforar en el lateral del contenedor.

Haz la forma interna

Esta acción es la misma que cuando se tornean cuencos, con la salvedad de que estarás torneando un elemento asimétrico. Si tu torno dispone de control de velocidad, hazlo con calma.

Se puede desbastar con seguridad una pieza como esta a 700rpm.

Tu cincel querrá desviarse del centro, así que haztus cortes con cuidado y perpendicularmente a la superficie en la que estás cortando.

Comienza desde el borde y avanza hacia el centro, resistiendo la fuerza que te empujará hacia afuera.

Si has perforado la boca con suficiente profundidad, tienes que abrirte paso hasta ella.

Cuando tratas de madera complicada, puede que dejes muchas paredes más finas.

Si tienes la habilidad y también un tallado cuadrado adecuado, afina mejor el borde para que puedas ajustar la tapa en el futuro.

Hazlo atractivo

Esta siguiente acción es mucho más decorativa que otra cosa, aunque incluirá algo de equilibrio a la pieza, y se habrán torneado todas las áreas superficiales notables.

La cantimplora debe voltearse para que puedastrabajar en el lado opuesto. Puedes atornillar la placa frontal al recipiente por la parte interna, aunque solamente si los tornillos no golpean contra el cincel mientras trabajas en el artículo.

Creando la tapa

¿Recuerdas las piezasde madera que quitaste antes?

Utilizarás una de esas piezas.

Pégala en un bloque de madera e instálala en la placa frontal.

Tornea lo suficiente como para que quede perfectamente redonda y te proporcione un punto que encajedentro de la boca hueca de la cantimplora.

Utiliza calibradores para obtener las medidas correctas.

Si tienes dispositivos para crear roscas, ésta sería una excelente oportunidad para utilizarlos, aunque podría ser difícil hacer que coincida con la dirección de la veta. Separa la tapa del bloque.

No es necesario que la superficie con rosca tenga un gran aspecto, ya que se pondrá dentro de la jarra. Puedes hacerle un lijado rápido.

Acabado

Si deseas convertirla en una cantimplora funcional, utiliza un revestimiento apto para alimentos, como aceite de tung puro, en el interior y el exterior.

Existen otros acabados seguros, aunque no tienen la durabilidad y la resistencia a la humedad ideal para el interior de un recipiente para líquidos.

5.Candelabro

Herramientas necesarias:

- Madera de arce
- Bloque de madera de desecho
- Torno
- Pegamento
- Gubia de desbaste
- Ceray aceite mineral
- Papel de lija

Colocala pieza de arce en el bloque de desecho, como se muestra a continuación. Déjalo reposar durante unos minutos y luego comienza el proceso de torneado.

Mideel radio de la vela en la parte posterior de la pieza de madera de arce para hacer un agujero en ella.

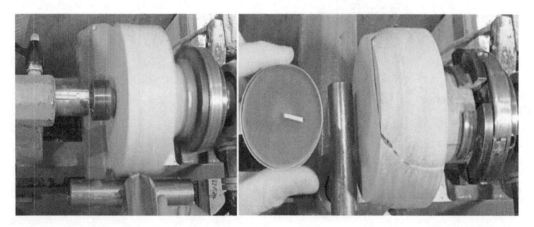

Ahora dauna forma oblicua a la pieza de madera utilizando el raspador y la gubia como se muestra a continuación hasta que la forma se convierta en la imagen que se muestra a continuación.

Elsiguiente paso es lijar y luego poner cera de acabado y aceite mineral.

Retirala pieza de madera y observa la ranura de la vela. A continuación, vuelve a colocarla en el torno para trabajar en la parte inferior de la pieza. Lija y aplica el acabado a esta superficie como lo hiciste anteriormente.

¡Ponla vela en el espacio y apreciatu trabajo!

6.Cuchara

Herramientas necesarias:

- Madera de arce
- Bloque de madera de desecho
- Torno
- Gubia de desbaste
- Cera y aceite mineral
- Papel de lija

Toma un trozo de arce con estas dimensiones: Largo: 6 1/2 pulgadas. Ancho: 1 1/2 pulgadas. Alto: 3/4 de pulgada

Marcael mango de la cuchara con un lápiz, como se muestra.

Utilizauna sierra de cinta para cortar a lo largo de las líneas marcadas.

Marcalos centros en ambos extremos, como se muestra a continuación.

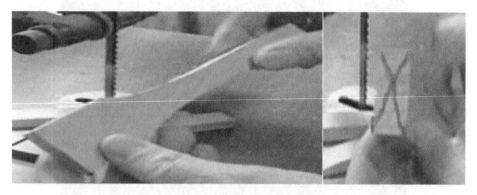

Colocala pieza de madera en el broquero y comienza a tornear.

Utilizauna gubia de husillo para hacer una superficie cóncava para la cabeza de la cuchara.

Comienzaa tornear y utilizar la gubia de desbaste.

Girala madera hasta conseguir la forma deseada del mango.

Hazel lijado utilizando papel de lija normal, el grano dependeráde la rugosidad de la madera.

Utilizaun cincel para dar más forma a la cuchara.

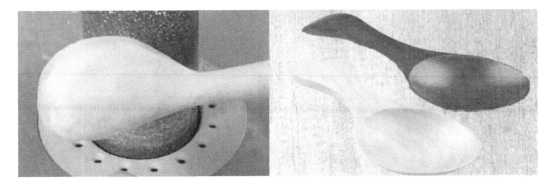

Por último, aplica cera de acabado apta para alimentos y aceite mineral de tu elección.

7.Cucharón

Herramientas necesarias:

- Bloque de madera para la cuchara y el mango
- Torno
- Gubia de desbaste
- Cera y aceite mineral

- Taladro
- Papel de lija

Tomaun bloque de madera cúbico para hacer el cazo de la cuchara. Dibuja un círculo en la parte superior con un lápiz y corta todo lo posible antes de ponerlo en el torno.

Pon en marchael torno y utiliza una gubia de desbaste para dar forma a la cuchara, como se muestra en las siguientes imágenes.

Mientrasla forma general se vuelve ovalada, comienza a hacer una superficie cóncava para la cuchara, como se muestra a continuación.

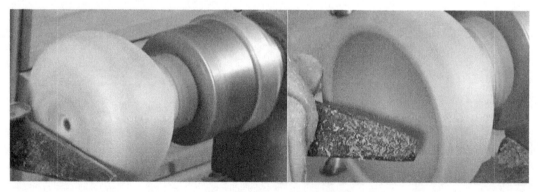

A continuación, pasaa hacer el mango. Coloca la pieza de madera en el torno y empieza a girarla.

Hazun agujero en la cuchara para que encaje el mango. Utiliza pegamento para reforzar aún más la unión.

Lija las dos piezas de madera.

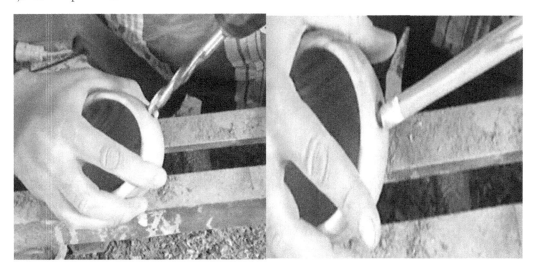

Aplicala cera apta para alimentos y aceite mineral de tu elección.

8. Anillo de madera

Herramientas necesarias:

- Anillo de acero
- Tabla de madera
- Bloque residual
- Torno
- Gubia de desbaste
- Recubrimiento
- Taladro
- Papel de lija
- Raspador
- Cuchillo de cocina
- Pegamento
- Cinta de doble cara
- Anillo de Berlín

Tomaun anillo de acero sobre el que te gustaría tener una cubierta de madera.

Seleccionauna tabla adecuada. Es un paso crítico. La tabla debe ser un poco más ancha que el anillo, estar completamente seca y estabilizada. No debe agrietarse al trabajarla.

Ponun poco de lija de grano 120 en una superficie plana y lija un lado de forma plana. Una vez que esté plana, aplica cinta adhesiva de doble cara al costado de referencia, como se muestra a continuación.

Ahoraempieza a tornear la madera pero montándola en un bloque de desecho usando cinta de doble cara.

Sacala cinta adhesiva y alinea la marca central con un centro giratorio, y con el contrapunto en su lugar, tornea la pieza en bruto hasta redondearla.

Seleccionauna broca que tenga aproximadamente la mitad del diámetro del núcleo del anillo para hacer un agujero de prueba. Monta la broca en un portabrocas y taladra completamente a través de la pieza en bruto, como se muestra arriba.

Utilizandoun raspador estrecho colocado en posición horizontal, abre el orificio perforado hasta que el núcleo del anillo encaje perfectamente. Sigue probando el ajuste del anillo hasta que entre en el agujero de madera. Ten a la mano 3-4 anillos de diferentes tamaños, ya que, si un anillo queda flojo, puedes probar con los otros.

Trabaja en los bordes de la pieza en bruto y ajústala hasta que sea un poco más ancha que el anillo. Intenta no rayar el anillo metálico con la herramienta. Ahora retira con cuidado la pieza en bruto del bloque de desecho con una espátula.

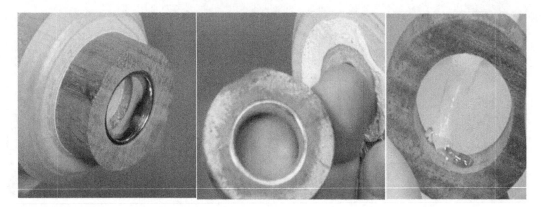

A continuación, lija el anillo de acero y pégalo dentro del anillo de madera. (puedes utilizar pegamento epoxi o CA). Después de pegar el anillo en el interior, elimina el pegamento sobrante en el exterior.

Después de queel pegamento esté totalmente seco, monta el anillo en el torno. Empieza a girarlo con cuidado ya que es delicado.

Puedes utilizar un raspador al girar los anillos porque noes agresivo y es fácil de controlar.

Una vez que le hayas dado forma, lija la pieza en bruto con grano 320 o superior.

A continuación, pon una capa de acabadobrillante (como es la joyería). Puedes poner 8-10 capas de CA para obtener una superficie brillante.

Disfrutadel anillo o regálalo a un ser querido.

9.Trompo

Herramientas necesarias:

- Gubia de husillo
- Gubia de desbaste
- Gubia raspadora
- Tabla de madera
- Herramienta de separación
- Torno
- Acabado
- Papel de lija

Cogela tabla de madera y ponla en el torno, como se muestra a continuación.

Utilizala gubia del husillo apoyando los dedos contra el soporte de la herramienta.

Eligeuna tabla de madera lo suficientemente grande para tu broquero.

Utiliceuna herramienta de separación para hacer una espiga.

Tomauna muestra de trompo y haz una línea en el lugar con la anchura máxima de la pieza. Dibuja una segunda línea que indique la parte inferior de la pieza. Utiliza un bisel para dar más forma al mango.

Después, trabaja en la parte inferior del trompo. Tienes que hacerlo inclinado utilizando el bisel y la gubia, como se muestra a continuación. Ahora utiliza el papel de lija y suaviza la superficie.

Utilizaalcohol desnaturalizado o alcohol metílico para limpiar y luego utiliza aceite danés. Espera a que se seque y luego púlelo para que quede brillante.También puedes utilizar goma laca.

Elsiguiente paso es cortar la parte superior del resto de la madera. No utilices la herramienta de separación, sino la gubia de husillo. Lijay aplica el acabado a la punta inferior en la parte superior recién cortada.

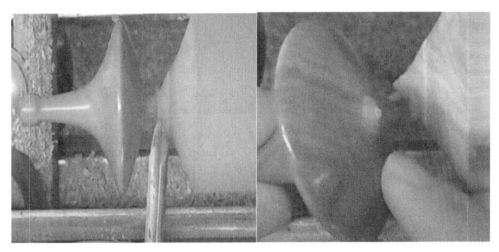

Ahoratienes tu trompo para jugar, ¡disfruta!

10.Setas

Herramientas necesarias:

- Gubia de husillo
- Gubia de desbaste
- Gubia raspadora
- Tabla de madera
- Herramienta de separación
- Torno
- Acabado
- Papel de lija

Tomauna tabla de madera y marca los centros en la cara superior e inferior. Ahora colócala en el torno como se muestra a continuación.

Utilizauna herramienta de separación con punta de diamante. Ahora comienza a tornear el tamaño correcto del saliente dependiendo de las brocas que tengas.

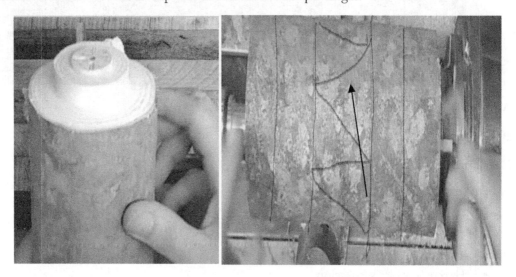

Saliente hecho según las brocas   Marca del área a eliminar

Pararedondear la parte superior, puedes utilizar una gubia curva, una gubia de husillo o un cincel de punta. El siguiente paso es cortar la parte central, como se muestra arriba, como "área a eliminar". Puedes utilizar la gubia curva de nuevo y empezar a deshacerte de la sección. Ahora se puede quitar el contrapunto utilizando la gubia de husillo como se muestra a continuación.

Hazel centro más delgado con una protuberancia realista en la parte inferior utilizando la gubia de husillo. Además, haz que la cabeza de la seta sea más natural recortándola desde abajo (no debería ser una superficie plana). Además, corta la base según la línea que has dibujado para la base.

A continuación, lija con un grano 400-600 y aplica aceite danés como capa de acabado.

El último paso es separar la base de la seta del bloque residual:

6. Consejos, Glosario y Conclusión

Puntos en los que debes pensar si deseas llevar el torneado de madera al siguiente nivel y empezar a ganar dinero. Te mostraré algunos puntos que puedes añadir según tu proceso.

- ¿Cómoes tu artículo/proyecto en comparación con la competencia en la zona en la que tegustaría vender?

- ¿Se puedegenerar un artículo de calidad para la venta con regularidad?

- ¿Cuánto tiempo tardas en fabricar tus productos?

- ¿Cuánto cobras por hora, es sostenible?

- ¿Cuálesson los gastos y se pueden recuperar con la venta de los productos?

- ¿Tienes un proceso y un sistema de apoyo para producirmúltiples productos?

- ¿Quiereshacer lo que tú quieres o lo que el cliente desea?

- ¿Deseas invertir 12 horas al día en el taller?

- ¿Tienes planes/medios para publicitar tu producto en elmercado objetivo?

- Sivas por el camino de las exposiciones o galerías, ¿cuál es el nivel de dicha exposición?

Este es el tipo de pasatiempo en el que la gente puede adquirir habilidades con extrema rapidez y producir un trabajo excelente, pero para llevarlo al siguiente nivel se necesita mucha perspicacia empresarial. ¿Deseas transformar tu afición en una tarea que puede gustarte a futuro? Eres la persona más indicada para decidir lo que quieres del oficio.

Consejos de seguridad para el torneado de madera

El torneado de madera es un segmento de la carpintería, y los torneros experimentados pueden hacer de todo, desde elaboradas piezas de mobiliario hasta relojes de madera, lámparas, juguetes para niños, cajas de bisutería y joyas.

La selección de diseños sólo está limitada por la habilidad y la imaginación creativa del tornero.

Para los torneros profesionales y los entusiastas de los pasatiempos caseros, el torneado de madera es un pasatiempo gratificante y relajante; sin embargo, al igual que cualquier otraactividad de ocio que implique herramientas eléctricas y dispositivos afilados, existe el riesgo de sufrir lesiones graves e incluso mortales.

Aunque es inevitable que se produzcan pequeños arañazos, seguir las sugerencias básicas de seguridad y protección puede evitar lesiones graves.

Equipamiento para la seguridad

Las astillas de madera que salen volando pueden provocar lesiones importantes en los ojos y la cara. Utiliza gafas de seguridad que también ofrezcan protección lateral.

Cuando tengas que trabajar con maquinaria ruidosa, como una sierra eléctrica, utiliza un protector de oídos.

Si tienes cabello largo, retíralo de tu rostro, átalo y protégelo bajo una gorra o un pañuelo para que no se enrede en la maquinaria.

Usa ropa ajustada, dado que la ropa holgada, puede atascarse.

No debes llevar bisutería, especialmente anillos, pulseras sueltas o relojes. Del mismo modo, nunca se debe llevar corbata mientras se tornea.

Las herramientas voluminosas pueden caerse y dañar los pies, por lo que hay que evitar el calzado abierto y llevar botas de seguridad.

El torneado de madera puede enviar una gran cantidad de polvo que puede llegar a los pulmones y crear problemas respiratorios. Lleva siempre una mascarilla contra el polvo cuando estéstrabajando la madera. Algunos protectores faciales que existen en el mercado constan ahora de filtros que limpian eficazmente el aire antes de ser inhalado.

Funcionamiento del Torno

Comprender tu herramienta es esencial cuando se empieza a tornear.

Encuentra un tornero experto y ve también las estrategias adecuadas de funcionamiento del torno para diferentes proyectos.

Consulta las publicaciones sobre torneado de madera y los instructivos o programas.

Evalúa minuciosamente los manuales de usuario y las advertencias incluidas con el torno y el resto del equipo antes de utilizarlos.

Inicia el torno en la velocidad más baja al encenderlo, y luego acostúmbrate hasta alcanzarla velocidad necesaria. Como regla básica, las piezas más grandes de madera dura requieren velocidades más lentas, al igual que las piezas desequilibradas.

Una vez encendido el torno, nunca debe dejarse descuidado. Si tomas un descanso, apágalo y espera a que se detenga por completo.

Antes de probar una nueva estrategia, practica el movimiento en tu mente y luego en una pieza de madera blanda.

Unas vibraciones más fuertes de lo normal, olores o ruidos extraños pueden indicar que el torno no está funcionando correctamente. Apaga el torno y revisa bien el aparato antes de volver a utilizarlo.

Evalúa rutinariamente el problema del torno para alcanzar el posicionamiento y procedimientos correctos.

Tipos de espacio de trabajo

Establece el espacio de trabajo para producir el ambiente óptimo.

Una iluminación adecuada es esencial para ver con claridad mientras se trabaja.

Los cables alargadores pueden provocar descargas eléctricas y también son un peligro de tropiezo, por lo que es aconsejable no utilizarlos.

Para que el flujo de aire sea suficiente contra el polvo, se recomienda utilizar un sistema de eliminación de polvo.

El taller también debe contar con ventanas que puedan abrirse para la circulación del aire y la ventilación.

Limpia el espacio de trabajo después de cada sesión.

Esto consiste en limpiar todas las herramientas y colocarlas fuera del alcance de los niños.

Despeja el suelo y retira todo el equipo que esté allí.

Asegúrate de que todas las herramientas están correctamente afiladas antes de comenzar cada proyecto.

Preparación para emergencias

No te asustes en caso de accidente.

Examina la lesión y evalúa los daños; si la herida necesita atención médica inmediata, llama al número de emergencias de tu localidad.

Mantén un teléfono en el taller para tener acceso rápido a los servicios médicos de emergencia.

Para hacer frente a pequeños cortes y abrasiones, mantén un botiquín de emergencia en el lugar de trabajo.

Ten siempre a mano un extintor y mantenlo en buen estado.

Se necesitará un lavabo con agua corriente si los fragmentos de polvo o los productos químicos entran en los ojos.

En el caso de quemaduras químicas, también se puede utilizar el agua.

Consejos de seguridad de sentido común

Ten en cuenta tu cuerpo. Nunca intentes trabajar si te sientes cansado, después de beber o si estás muy medicado.

Mantente dentro de los límites de tu comprensión. Los principiantes deben quedarse con los procesos que entienden.

Los principiantes que intentan métodos avanzados sin ayuda pueden obtener repercusiones alarmantes.

Glosario

Torneado de madera

El oficio de usar el torno para generar objetos de madera.

Madera verde

Troncos o madera recién cortados. Por lo general, se utilizan para elaborar diferentes tipos de proyectos, como cuencos, para permitir que se sequen por completo y volver a ellos para trabajar más adelante. El término se refiere a los troncos húmedos.

Forma abierta

El borde de la pieza aumenta continuamente de diámetro en forma de cuenco abierto.

Forma cerrada

En este tipo de recipiente, el borde de la forma aumenta desde el fondo y disminuye finalmente hacia la parte superior.

Hueco

Una forma cerrada con una pequeña abertura en la parte superior.

Pin

Una pieza estrecha torneada con la veta que va de un extremo a otro.

Torno

Herramienta que sujeta y gira la madera mientras se utiliza una herramienta para dar forma a la pieza de madera.

Cabezal

La parte del torno que contiene el mecanismo de accionamiento del mismo.

Se conecta a la bancada del torno y suele tener un husillo para instalar placas frontales.

Contrapunto

Un conjunto que se desplaza a lo largo de la bancada del torno, que también puede fijarse en cualquier lugar deseado de la bancada.

Consiste en un husillo que sostiene los puntos muertos o las instalaciones vivas.

Placa frontal

Un disco de acero o de madera que se instala en la clavija del cabezal y al que se sujeta la madera con tornillos y agujeros en la placa frontal.

Broquero

Cualquier tipo de dispositivo que sujete la madera, ya sea en las clavijas o en la madera, se encaja en un cilindro del broquero.

El broquero se instala en el husillo del cabezal para trabajar la madera.

Gubia

Un dispositivo que tiene una forma de flauta y crea una acción de corte en lugar de raspado.

Gubia de desbaste

Una gubia bastante gruesa que se utiliza para perfilar y redondear los bordes hasta darles una forma cilíndrica muy rápidamente.

Gubia curva

Una gubia que tiene un estriado de medio a profundo y se utiliza para desbastar y completar el interior de los cuencos.

Gubia lateral

Una gubia que tiene uno o ambos lados rectos y que se puede utilizar en una gama de colocaciones para raspados duros, suaves, grandes, etc.

Gubia de husillo

Una gubia que tiene una longitud poco profunda y se utiliza para generar ranuras y curvas.

Cincel oblicuo

Recibe este nombre porque el filoestá en ángulo con el costado de la herramienta.

El lado de corte se suele rectificar a un ángulo de 70 grados.

Herramienta de separación

Se utiliza para hacer rebajes o ranuras delgadas a la profundidad deseada o para separar un artículo del torno.

Un tipo típico sería la forma de diamante, con el centro más grueso que el exterior para ofrecer al dispositivo holgura y evitar la fricción.

Dispositivo de rebordeado

Generalmente se construye con una madera cuadrada de 3/8 pulgadas y también tiene ángulos en 30 y 45 grados y también puede ser utilizado como un dispositivo de separación.

Raspador

Cualquier tipo de herramienta que raye la madera en lugar de cortarla o cizallarla.

Un raspador suele tener un ángulo muy romo y una rebaba en el borde que se encarga de rascar la madera.

Sujeción en Broquero

Instalar o sujetar una superficie de trabajo en algún equipo aparte de la placa frontal.

Broquero inverso

Se utiliza para tornear una forma y evitar la acumulación de residuos cerca de la parte inferior, también para hacer el acabado de una pieza.

Conclusión

El torneado de madera en todas sus formas es un pasatiempo increíblemente popular y placentero. La adquisición de un torno de buena calidad y otras herramientas, junto con una colección de libros (en línea y en papel) que muestren y expliquen las habilidades del torno de madera, asegurarán muchas horas felices y constructivas de torneado.

Además, hemos hablado de que la seguridad es la máxima prioridad mientras se tornea la madera. Ningún libro o recurso en línea sustituye a la formación en vivo, sino que la complementa. Por lo tanto, contacta siempre con un experto en caso de confusión y sigue las mejores prácticas durante el torneado de madera.

Stephen Fleming

Otros libros de la serie DIY

320

Made in the USA
Las Vegas, NV
22 October 2024

10237018R00177